Sandra Plaar

Ich bin.
Wenn das Leben unter die Haut geht

novum pro

www.novumverlag.com

Bibliografische Information
der Deutschen Nationalbibliothek:

Die Deutsche Nationalbibliothek
verzeichnet diese Publikation in
der Deutschen Nationalbibliografie.
Detaillierte bibliografische Daten
sind im Internet über
http://www.d-nb.de abrufbar.

Alle Rechte der Verbreitung,
auch durch Film, Funk und Fernsehen,
fotomechanische Wiedergabe,
Tonträger, elektronische Datenträger
und auszugsweisen Nachdruck,
sind vorbehalten.

© 2015 novum Verlag

ISBN 978-3-99038-781-8
Lektorat: Katja Kulin
Umschlagfoto: Michael Orlik
Umschlaggestaltung, Layout & Satz:
novum Verlag

Alle im Buch vorkommenden Personen
sind Menschen des wirklichen Lebens.
Um ihre Privatsphäre zu schützen,
werden die meisten von ihnen unter
Pseudonymen vorgestellt.

Gedruckt in der Europäischen Union
auf umweltfreundlichem, chlor- und
säurefrei gebleichtem Papier.

www.novumverlag.com

Ich bin eine Frau.
Ich bin eine Suchende.
Ich bin eine Zweiflerin.
Ich bin eine Tochter.
Ich bin eine Kranke.
Ich bin eine Kämpferin.
Ich bin eine Überlebende.
Ich bin eine Mutter.
Ich bin eine Ehefrau.
Ich bin eine Liebende.
Ich bin alles.
Ich bin.

Inhaltsverzeichnis

1	Glauben Sie an Gott?	7
2	April 1993	11
3	Sahnehäubchen mit ranzigem Beigeschmack	13
4	Rückflug	18
5	Diagnose Lyell-Syndrom	24
6	Die Götter in Weiß	26
7	Zeit ist relativ	32
8	Völlig losgelöst oder die vierte Dimension	34
9	Dr. Shanti	42
10	Wozu sind eigentlich Fingernägel da?	47
11	Ich hab die Haare schön	50
12	Auf dem aufsteigenden Ast	56
13	Spieglein, Spieglein …	64
14	Daheim	68
15	Mama ist die Beste	76
16	Absturz	79
17	Auf zu neuen Ufern	92
18	Weiblich, ledig sucht …	105
19	Bauchgefühl	113
20	Beruf(ung)	124
21	Tick, tack	135
22	Erstens kommt es anders, und zweitens als man denkt	144
23	Erneute Prüfung	153
24	Bewusstsein heilt	163
25	Danke!	168

1
Glauben Sie an Gott?

„Glauben Sie an Gott?"
Die Frage überraschte mich in zweierlei Hinsicht. Einerseits, weil sie mir doch einigermaßen intim erschien und ich diesem Mann, der mir gegenübersaß, nur deshalb noch einmal begegnete, weil ich die Fäden, die er mir „einverleibt" hatte, nicht vertrug. Andererseits, weil diese Worte aus dem Munde eines Arztes gekommen waren, eines Chirurgen noch dazu, der sich in meinen Augen streng der empirischen Wissenschaft verschrieben hatte und sich nicht aufs Philosophieren über Gott und die Welt mit seinen Patienten einließ.

Indirekt hatte ich mit Herrn Gutzwyler schon vor einiger Zeit Bekanntschaft geschlossen und mir ein Bild von ihm gemacht. Vor über einem Jahr hatte er meinen Mann an seinem Allerwertesten operiert, den er sich im wahrsten Sinne des Wortes aufgerissen hatte. Die anfänglich gut verheilende Wunde wollte des Guten zu viel und verheilte an der Oberfläche zu schnell, ohne in der Tiefe zugewachsen zu sein. Bei einer Nachkontrolle fackelte Doktor Gutzwyler, der ein Mann der Taten und nicht der vielen Worte zu sein schien, nicht lange und setzte das Skalpell in seinem Untersuchungszimmer zum Nachschnitt an. Mein Mann war derart überrumpelt, dass er mit einem Sack voll neuer Kompressen in der Hand noch immer sprachlos nach Hause kam, dafür aber umso mehr blutete.

Obwohl ich meinen Mann seit einigen Wochen pflegte und ich den ersten Schock, als ich die einige Zentimeter tief klaffende Wunde zum ersten Mal erblickte, überwunden hatte, sah ich mich vor eine neue Herausforderung gestellt. Ich fluchte nicht schlecht über die Dreistigkeit dieses Arztes, als ich mit Mullbinden gegen die Blutung ankämpfte. Zum Glück ließ sie über Nacht nach und ich musste mir nicht ernsthaft den Kopf über den Ruf Doktor Gutzwylers zermartern, der in Fachkreisen als Koryphäe gilt. Dennoch blieb mir in Gedanken das Bild eines Metzgers, der zwar gekonnt, aber nicht gerade zimperlich mit seinem Messer umgeht.

Als ich ihm dann vor einigen Wochen zum ersten Mal persönlich begegnete, war mir so hundeelend, dass ich mir darüber keine Gedanken machen konnte. Eine akute Entzündung der Gallenblase ließ mir keine Zeit, mich gegen den diensthabenden Arzt aufzulehnen. Alles, was ich wollte, war die Erlösung von meinen Schmerzen, und ich vertraute ihm voll und ganz in seiner Aussage, dass dieses Ding, das mich die ganze Nacht zum Pendelgang zwischen Toilette und Bett gezwungen hatte, raus musste. Er hatte mir kurz mitfühlend die Hand gehalten, als er mich über allfällige nachoperative Komplikationen aufklärte, was mein Vertrauen in ihn ungemein stärkte.

Noch am gleichen Abend wurde ich operiert. Die Entfernung der Gallenblase und gleichzeitig der kartoffelgroßen Gallensteine wäre ein Klacks gewesen, hätte es da nicht das Antibiotikum gegeben, das man mir verabreichte. Doch dazu später.

Zurück zu seiner Frage.

„Oh ja, ich glaube an Gott. Auf meine ganz spezielle Art. Es ist nicht so, dass ich oft in die Kirche renne. Das ist etwas, das ich mit Gott und mir ausmache, ganz tief in mir drin", sagte ich. Die Antwort kam ganz spontan, ohne zu überlegen. Früher hätte ich wohl Probleme gehabt, mich so offen zu meinem Glauben zu bekennen. In unserer Gesellschaft scheint es nicht „in" zu sein, an Gott zu glauben und zu beten. Ich bin zwar überzeugt, dass es viele tun, dazu zu stehen, ist aber was anderes.

„Das habe ich mir gedacht", entfuhr es ihm mit einem Lächeln, das ihn weich und zugleich spitzbübisch erscheinen ließ. „Ohne den Glauben hätten Sie das wohl nicht überlebt. Ich habe in letzter Zeit viel an Sie gedacht, Frau Plaar. Als ich Ihre Krankenakte studierte, habe ich mich ein wenig schlaugemacht, was so ein Lyell-Syndrom überhaupt ist. Ich hatte nämlich vorher noch nie davon gehört. Ganz schön heftig!"

„Ja", bestätige ich, „das wünsche ich niemandem. Es war eine harte Erfahrung. Aber es ist nicht so, dass ich mit meinem Schicksal hadere. Ich wäre heute nicht da, wo ich bin, wenn ich diese Krankheit nicht gehabt hätte. Sie hat mich näher zu mir selbst gebracht, mich zu dem gemacht, was ich eigentlich bin. Insofern bin ich dankbar dafür, was mir widerfahren ist. Für viele ist das schwer verständlich. Für mich ist es eher so, dass ich ein zweites Leben geschenkt bekommen habe. Mein Leben hat sich seither um 180 Grad gedreht, ich bin nicht mehr der Mensch, der ich mal war."

„Es wäre wirklich spannend, eine Krankheit von diesem Standpunkt aus kennenzulernen. Wir Mediziner lesen in den Büchern ja nur über die Symptome. Was aber machen sie mit dem Menschen, wie erlebt er das Ganze? Ich bin auch überzeugt, dass die Einstellung des Kranken, die Psyche, genauso wichtig ist für den Heilungserfolg wie die medizinische Behandlung. Wenn nicht sogar wichtiger. Wir Mediziner leisten da nur einen kleinen Teil. Haben Sie sich schon mal überlegt, ein Buch über Ihre Geschichte zu schreiben?" Erwartungsvoll schaute er mich mit hochgezogenen Augenbrauen an.

„Ehrlich gesagt spiele ich schon lange mit diesem Gedanken. Aber irgendwie habe ich die Kurve nie gekriegt. Im Kopf habe ich's schon hundertmal geschrieben. Und dann stelle ich mir die Frage, wen interessiert das?"

„Mich! Ich würde es sofort lesen. Sie müssen mir versprechen, dass ich einer der Ersten bin, die es zu lesen bekommen."

Beschwingt verließ ich das Krankenhaus. Ja, vielleicht sollte ich es tatsächlich anpacken, das Schreiben. Aber wie es halt so ist, den inneren Schweinehund konnte ich doch nicht überwinden, und so blieb es einmal mehr bei den guten Vorsätzen.

Der Gedanke holte mich aber bald wieder ein. Wie ein Bumerang, der immer wieder zurückkehrt. Man kann ihn noch so weit wegwerfen, er kommt immer wieder zurück.

„Mit jedem Ausatmen gibst du etwas von dir nach außen ab und mit jedem Einatmen nimmst du etwas von außen auf", begleitete Daniela, unsere Yogalehrerin, die Entspannungsübung.

„Was gebe ich ab?", fragte ich mich. „Klar, verbrauchte Luft, was sonst. Aber ist das alles? Was hinterlasse ich sonst noch auf dieser Welt?"

Ich wurde nachdenklich. Ein Buch, das ich vor einiger Zeit gelesen hatte, kam mir in den Sinn. Es handelt von einem klinisch Toten, der eine Begegnung mit Jesus hat und mit einer Frage konfrontiert wird, die sein ganzes Leben verändern soll.

„Was hinterlässt du im Leben? Was kannst du mir zeigen? Was hast du geleistet?" möchte Jesus von ihm wissen. Als der vermeintlich Tote ins Leben zurückkehrt, ändert er dieses radikal.

Was hatte ich vorzuweisen? Was hatte ich bisher aus meinem Leben gemacht? Schön, ich hatte eine wundervolle achtjährige Tochter, wohl das tollste Kind, das ich mir überhaupt nur wünschen konnte. Aber war das mein Verdienst, dass sie so großartig war? Na ja, wenn, dann nur zum Teil.

Mir kam noch so einiges in den Sinn, aber nichts Bewegendes, Großartiges, nichts weswegen ich in Erinnerung bleiben mochte. Plötzlich war die Idee von einem Buch wieder ganz präsent. Vielleicht war es nun an der Zeit, meine Erlebnisse und Erfahrungen mit meiner Krankheit aufzuschreiben. Egal, wenn's niemanden interessierte. Ich musste es mir einfach von der Seele schreiben. Und vielleicht, vielleicht las es ja auch jemand.

Wenn Sie diese Zeilen gerade lesen, dann habe ich es sogar geschafft, dass Sie mit mir den ersten Schritt auf eine emotionale Reise durch die Hochs und Tiefs meiner Krankheit gemacht haben. Meine Erfahrungen und Gedanken sollen Mut machen, die eigene Stärke zu erkennen und zu nutzen, um das Schicksal, so hart einem das Leben manchmal mitspielen mag, anzunehmen. Dieses Buch soll auffordern, die Schätze im Dunkeln auszugraben und zu entdecken, dass in jedem Schicksalsschlag eine gewaltige Chance steckt.

2
April 1993

So einen Knackarsch hatte ich noch nie. Zufrieden drehte ich mich vor dem Spiegel hin und her und begutachtete das Werk des Schneiders. Passte wirklich wie angegossen, mein erstes maßgeschneidertes Kostüm. Behutsam strich ich mit meinen Fingern über die cremefarbige Rohseide, die sich kühl und glatt anfühlte. Die Farbe brachte meine tiefe Bräune noch mehr zur Geltung. Es war eine gute Entscheidung gewesen, die Reise nach Asien anzutreten.

Noch vor vier Wochen hatte ich völlig verschnupft mit einer roten, verquollenen Nase und am Rande einer Lungenentzündung im Sprechzimmer meines Arztes gesessen, der mir dringend davon abriet, ins Flugzeug zu steigen. Das war natürlich nicht das, was ich hören wollte. Ich brauchte dringend eine Auszeit. Mein Jurastudium und die zwei Nebenjobs, die mich finanziell über Wasser hielten, hatten mich völlig ausgelaugt. Ich lief regelrecht auf dem Zahnfleisch. Ich hatte mich so auf diesen Urlaub gefreut, da sollte mir ein blöder Schnupfen doch keinen Strich durch die Rechnung machen. Ich suchte einen zweiten Arzt auf, der meinte, ein Klimawechsel täte mir vielleicht ganz gut. Genau, ganz meine Meinung, und recht hatten wir. Die Erkältung war Schnee von gestern. Ich fühlte mich so gut wie schon lange nicht mehr.

„Is it okay?"

Die Frage des Schneiders riss mich aus meinen Gedanken. Sie war so vorsichtig gestellt, dass ich sie kaum vernahm. Mit leicht gesenktem Haupt und vor der Brust zur Gebetshaltung gefalteten Händen harrte er angespannt meiner Antwort.

„It's wonderful!", erlöste ich den Meister aus seiner demütigen Haltung, die den Thais manchmal so eigen ist. Sofort lockerte er sich und blickte mir strahlend in die Augen.

„Thank you, Ma'am!"

Überglücklich hakte ich mich bei Mike unter und wir verließen vollgepackt den klimatisierten Laden. Die schwüle Hitze schlug uns wie eine Wand entgegen. Sofort bildete sich ein feuchter Film auf der Haut, der sich mit dem Dreck, der in grauen Schleiern durch die Luft waberte, zu einem klebrigen, unappetitlichen Belag vermischte. Ich hatte mich auf unserer Reise durch Asien an die hohe Luftfeuchtigkeit gewöhnt und sie machte mir nichts mehr aus. Hier in Bangkok jedoch hatte ich ständig das Bedürfnis, mich unter die Dusche zu stellen.

Der Gestank der Autos und der Tuk-Tuks, die sich im Schritttempo durch die Straßen wälzten, vermischte sich mit dem wohligen Geruch, welche die Garküchen am Straßenrand verströmten. Ein Mix aus Gewürzen wie Ingwer, Chili und Curry in gebratenem Fleisch mit Gemüse ließ einem das Wasser im Mund zusammenlaufen. Schnell war da der Abgasgestank vergessen.

Und da war es wieder, dieses zweischneidige Gefühl, das Bangkok in mir auslöste. Ich liebte und hasste diese Stadt, eine pulsierende Metropole, die für mich eine Mischung aus moderner Großstadt und asiatischem Kuddelmuddel darstellte. Für einige Tage war ich von ihr fasziniert, ließ mich von dem ständigen Treiben mitreißen, tauchte ins Händlerleben ein und ließ mich auf das Spiel des Feilschens ein. Doch dann war es höchste Zeit zu flüchten. Bangkok muss man gesehen und erlebt haben, dort zu leben, wäre für mich ein Unding.

Morgen stand der letzte Abschnitt unserer Ferien bevor. Die Malediven sollten das Sahnehäubchen werden. Tauchen, viel Sonne, glasklares Wasser, weiße Sandstrände und süßes Nichtstun, bevor uns der schnöde Alltag wiederhaben sollte. Ich freute mich besonders aufs Tauchen. Ich war schon immer von der Unterwasserwelt begeistert gewesen. Für mehr als Schnorcheln hatte es bis jetzt leider nicht gereicht.

3
Sahnehäubchen
mit ranzigem Beigeschmack

Etwas mulmig zumute war mir schon. Der Japaner, der mir gegenübersaß, schraubte schon seit einer halben Stunde an seiner ultramodernen Taucherausrüstung rum. Mit allem Schnickschnack, der ein Taucherherz höher schlagen ließ. Das musste ein Vollprofi sein. Ich war froh, dass man für mich alle Geräte geprüft und eingestellt hatte, und wartete nun mit klopfendem Herzen auf meinen ersten Tauchgang im offenen Meer.

Am Strand hatte ich mich bei den Tauchübungen recht geschickt angestellt, sodass man mich am gleichen Tag mit aufs Boot rausnahm. Ich war selbst von mir überrascht gewesen, denn offen gestanden leide ich unter Platzangst und ich hatte Bedenken, dass ich unter Wasser in Panik ausbrechen könnte. Aber nichts dergleichen. Das gleichförmige Geräusch des Lungenautomaten beim Ein- und Ausatmen sowie das klirrende Geräusch des aufgewühlten Wassers beruhigten mich eher. Die Unterwasserwelt zog mich sofort in ihren Bann.

Da ich die Einzige auf dem Boot war, die heute ihren ersten Tauchgang bestritt, musste ich bis zum Schluss warten. Nach einer gefühlten Ewigkeit, mein Magen begann nämlich vom leichten Seegang zu rebellieren, war ich an der Reihe. Auf ein Zeichen des Tauchlehrers sprang ich mit der Grazie eines Elefanten – die Gewichte sind an Land ganz schön schwer – ins Wasser. An der Stilnote würde ich wohl noch etwas arbeiten müssen.

Zu meiner Überraschung erblickte ich neben mir den Japaner. Mit rudernden Armen versuchte er vergeblich, sich unter Wasser zu drücken. Man hatte ihm schon Unmengen an Gewicht angehängt, um ihm den Abstieg in die Tiefen zu erleichtern. Bevor er überhaupt nur einen Meter unter Wasser abgetaucht war, hatte er in seiner Aufregung die ganze Flasche leergenuckelt und musste zurück an Bord. So viel zum Vollprofi.

Mit ein paar tiefen und ruhigen Atemzügen ließ ich mich langsam in die Tiefe gleiten. Das T-Shirt, das in diesen warmen Gewässern völlig ausreicht, um nicht auszukühlen, flatterte an meinem Oberkörper und kitzelte mich. Das Sonnenlicht flimmerte wie goldene Strahlen durch meinen gespreizten Finger. Der Tauchlehrer bedeutete mir, ihm zu folgen. Da tauchte der erste Fisch auf. Nein, es war vielmehr ein ganzer Schwarm bunt glitzernder Fischleiber, die dicht an dicht an mir vorüberzogen. Sie schienen sich in keinster Weise von mir gestört zu fühlen. Im Gegenteil, sie pickten neugierig an meinen Unterarmen.

Nur wenige Meter tiefer eröffnete sich mir ein wahrer Zauberwald unter Wasser. Die Korallen ragten in den verschiedensten Formen in die Höhe. Weiße und rötliche, einige sahen aus wie große Blumenkohlköpfe, andere wiegten sich sachte wie Fächer in der Strömung. Immer wieder schossen Fische in allen Farben und Größen dazwischen hervor.

Das Eindrücklichste jedoch war für mich die ganz eigene Ruhe, die hier unten herrschte. Alles schien ruhig in seinen geregelten Bahnen zu laufen, ganz ohne Hektik. Mir wurde klar, weshalb manche Menschen regelrecht süchtig nach dem Tauchen werden. Es ist wie das Eintauchen in eine ganz andere Welt.

Ich merkte gar nicht, wie schnell die Zeit verstrichen war. Wir mussten zurück an die Oberfläche.

„Es ist der Wahnsinn!", schrie ich beim Auftauchen.

„Na, dann hab ich dir ja nicht zu viel versprochen", grinste Mike, als er mir die Hand reichte, um an Bord zu steigen. Vollgepumpt mit Glückshormonen zog ich mein T-Shirt über den Kopf. Da entdeckte ich auf meinem Dekolleté einige kleine Pöckchen.

„Na bravo, jetzt kriege ich doch noch so eine blöde Sonnenallergie! Ich dachte, dass ich dieses Mal davon verschont bliebe."

Etwas erstaunt war ich schon, dass sich die ungeliebten Bläschen erst jetzt meldeten. Normalerweise bekam ich die am Anfang des Urlaubs, wenn sich meine Haut noch an die Sonne gewöhnen musste. Jetzt allerdings war ich schon so braun gebrannt, dass mir das schon ungewöhnlich erschien. Die Freude über meinen ersten gelungenen Tauchgang war jedoch so groß, dass ich mir die Stimmung von den paar Pickelchen nicht verderben lassen wollte. Auch als sich die unschönen Dinger immer mehr ausbreiteten, machte ich mir keine ernsthaften Gedanken. Ich beschloss ganz einfach, ein T-Shirt anzuziehen und mich mit einem Cocktail in den Schatten einer Palme zu verkriechen. Die Dinger verzogen sich aber nicht wie erhofft und begannen fürchterlich zu jucken. Ich konnte sie nicht länger ignorieren. Am Abend fühlte ich mich hundeelend.

„Du musst heute alleine zum Essen gehen, ich fühle mich nicht besonders."

„Soll ich dir was Leckeres mitbringen?", fragte Mike besorgt.

„Nein, danke! Mir ist gerade nicht nach Essen."

Als Mike zurückkam, glühte ich bereits wie ein Ofen. Knapp 40 Grad zeigte das Fieberthermometer an. Die Hitze in mir drin war kaum auszuhalten. Die Bläschen an meinem Dekolleté wurden immer größer und breiteten sich langsam, aber sicher aus. Sie krochen den Hals hinauf bis hinter die Ohren und wanderten die Arme hinunter. Zum Jucken war ein heftiges Brennen hinzugekommen. Ich hatte das Gefühl, innerlich zu verbrennen. Eins war mir schlagartig klar: Das war keine Sonnenallergie! Mike wurde immer hektischer, lief das Zimmer auf und ab.

Plötzlich wurde ich von heftigen Krämpfen geschüttelt, mein Körper begann wild zu zucken. Ich wurde wie bei einem elektrischen Stromschlag in die Luft katapultiert und prallte heftig wieder zurück aufs Bett. Ich hatte meinen Körper nicht mehr unter Kontrolle. Diese Krämpfe bekam ich nun in regelmäßigen, immer kürzer auftretenden Abständen. Bei diesem Anblick verlor Mike endgültig die Fassung.

„Was soll ich bloß tun, lieber Gott, was soll ich bloß tun?", murmelte er immer wieder vor sich hin und vergrub die Hände in seinen Haaren. Ich dachte mir nur, dass ich nun kühlen Kopf bewahren musste, und gab ihm kurze, klare Anweisungen.

„Hol mir die Cola-Dosen aus der Minibar und leg sie mir auf die Brust!"

Es war das Einzige, das mir in den Sinn kam, die Hitze zu kühlen. Eis hatten wir keines. Wie ein Roboter folgte Mike meinen Anweisungen. Dann kniete er sich neben mein Bett und wimmerte nur noch vor sich hin. Irgendwann mussten wir beide wohl eingeschlafen sein. Die ersten Strahlen der Sonne weckten mich.

„Du musst mich zum Arzt bringen", weckte ich Mike.

Eilig stürzte er sich in seine Shorts und in ein T-Shirt und organisierte eine Überfahrt mit dem Boot zur Hauptinsel Male. Hier auf unserer Insel gab es keinen Arzt. Sie war ja so klein, dass man sie gut in einer Viertelstunde zu Fuß erkunden konnte. Ich kam mir wie eine alte Frau vor, als mich Mike stützen musste. Das Fieber hatte meine Beine zu einem wabbligen Brei gemacht.

Ich hatte mir das einzige langarmige Shirt, das ich überhaupt dabeihatte, übergezogen und ein Tuch um meine Beine gewickelt. In die Hose konnte ich mittlerweile nicht mehr steigen, da sich die Blasen bis dahin ausgebreitet hatten und schmerzten, als ich die Jeans anziehen wollte. Das gefälschte Hermès-Tuch, ein Schnäppchen aus Bangkok, zog ich mir über den Kopf und versteckte mein Gesicht, um die mitfahrenden Passagiere nicht zu erschrecken. Dass ich das Tuch als Gesichtsschleier brauchen würde, hätte ich mir einige Tage zuvor, als ich den Händler mit meinem hartnäckigen Feilschen fast in den Wahnsinn getrieben hatte, nicht vorstellen können.

Die Leute auf dem Boot bemühten sich angestrengt, mich nicht dauernd anzustarren und versuchten krampfhaft, ihre Heiterkeit zu bewahren und ließen sich über das schöne Wetter aus. Die Stimmung auf dem Boot blieb beklemmend.

In Male angekommen, machten wir uns sofort zum einzigen diensthabenden Arzt auf. Zum Glück war es ein Schweizer. Ich war selten so froh gewesen, schweizerische Klänge zu vernehmen, als er uns mit einem herzlichen „Grüezi" begrüßte. Ich hatte mir schon ausgemalt, wie ich auf Englisch erklären sollte, was mir fehlte. Obwohl ich der englischen Sprache mächtig bin, fehlen dann oft im entscheidenden Augenblick die richtigen Worte. Doch allzu vieler Worte bedurfte es wohl gar nicht, denn mein Aussehen und Zustand sprachen Bände.

Der Arzt vermutete, dass es sich um eine toxische fotosynthetische Reaktion, ausgelöst durch das starke UV-Licht auf den Malediven, handelte. Er verabreichte mir eine Kortison-Infusion. Obwohl der Arzt mit seiner Diagnose völlig danebenlag, wie sich später herausstellte, tat er das einzig Richtige, indem er mir stark dosiertes Kortison gab. Er erlegte mir ein striktes Sonnenverbot auf und meinte, dass sich das Ganze dann in paar Tagen wieder legen würde.

Dass ich, so wie ich aussah, mich nicht spaßeshalber in der Sonne rösten würde, verstand sich von selbst. Außerdem war ja für morgen unser Rückflug geplant. Also würde alles bald wieder in Butter sein. Zuversichtlich und erleichtert machten wir uns auf den Rückweg zur Insel. Dennoch konnte ich der Insel nichts Paradiesisches mehr abgewinnen. Das, was unser Sahnehäubchen der Reise hätte werden sollen, hatte einen ranzigen Beigeschmack bekommen.

4
Rückflug

Ich hasste dieses Gefühl, wenn man durch die starke Beschleunigung in den Sitz gedrückt wurde. Blupp, da war er, der Moment, in dem das Flugzeug den Kontakt zum Boden verlor und der Magen für eine Sekunde eine Etage tiefer rutschte. Mit einem Blick auf meine Hände realisierte ich, dass ich völlig verkrampft war. Die Knöchel an den Handgelenken standen weiß hervor, so krallte ich mich an der Sitzlehne fest.

Doch das hatte weniger mit dem Start des Flugzeugs als vielmehr mit der Tatsache zu tun, dass die Krämpfe, die gestern nach der Kortison-Infusion verschwunden waren, wieder einsetzten. Jetzt nur nicht die Nerven verlieren. Ich schloss die Augen und konzentrierte mich auf meinen Atem. Tief einatmen, lange ausatmen. Ich versuchte die aufkommenden Schmerzen wegzuatmen. Vergeblich! Die Zuckungen durchbebten meinen Körper.

Entsetzt schaute mich Mike mit weit geöffneten Augen fragend an. Ich nickte bloß, unfähig, auch nur ein Wort über meine Lippen zu bringen. Schlagartig setzte bei ihm wieder Panik ein. Er blickte sich nervös nach rechts und links um und begann die Nagelhäutchen an seinen Fingern zu bearbeiten. Das tat er immer, wenn er unter Druck geriet.

„Es geht schon", versuchte ich ihn zu beruhigen und schloss meine Augen wieder. Die Frau, die neben Mike saß, hatte es sich bequem gemacht und lehnte sich mit dem Kopfkissen am Fenster an. Zum Glück bekam sie von allem nichts mit. Auf neugierige Zuschauer konnte ich jetzt nämlich verzichten.

„Was möchten Sie gerne trinken? Mineralwasser, Cola, Orangensaft …"

Das letzte Wort blieb der Flugbegleiterin beinah im Halse stecken. „Oh, mein Gott! Geht es Ihnen nicht gut?"

Unwillkürlich zuckte sie mit dem zuvor zu mir geneigten Oberkörper zurück. Sie versuchte ihre Stimme zu dämpfen, um nicht die Aufmerksamkeit der anderen Passagiere zu erregen. So verzweifelt, wie sie aussah, musste etwas mit mir nicht stimmen. Ich drehte meinen Kopf zu Mike, der vorher gedöst haben musste. Die zwei letzten Nächte hatten ihren Tribut gefordert.

„Du siehst ... Du siehst ganz schrecklich aus", rang er nach Worten.

Ohne ein Wort löste ich meinen Sitzgurt und drängte mich an der Stewardess Richtung Toilette vorbei. Ich öffnete die Tür und drehte mich sofort dem Spiegel zu, ohne mir die Zeit zu nehmen, die Tür zu verriegeln. Was mich da ansah, war nicht ich. Innerhalb kürzester Zeit hatte ich mich äußerlich in eine uralte Frau verwandelt. Mein ganzer Körper war mit Blasen übersät. Die Lippenkonturen verloren sich im Brei einer kraterigen Landschaft. Die verquollenen Augen waren zu Schlitzen verengt. Nichts war mehr von der sommerlichen Bräune zu sehen. Die Haut wirkte gräulich-violett, so, als wäre sie kurz vor dem Verfaulen.

Was war das? Wo war die schöne Frau, die sich vor einigen Tagen noch so zufrieden vor dem Spiegel gedreht hatte? So muss ein Aussätziger aussehen, schoss es mir durch den Kopf. Ich beugte mich vornüber, legte meine Unterarme neben das Waschbecken und ließ meinen Kopf darauf sinken. Die Kehle verkrampfte sich, drückte mir den Atem zu. Ich spürte die Enge der Bordtoilette, hatte das Gefühl, die Wände rückten immer näher zusammen.

Nein, das konnte alles nicht wahr sein. Wenn ich jetzt bis zehn zählte und mich ganz beruhigte, war vielleicht alles wieder vorbei. Wie ein böser Traum, aus dem ich schweißgebadet aufwachte. In verzweifelter Hoffnung hob ich den Blick Richtung Spiegel. Unverändert schaute mich dieses hässliche Etwas an, zu dem ich emotional keinen Zugang finden konnte.

Ich beschloss, es einfach zu ignorieren, mich von meinem Äußeren zu trennen, mich auf mein Inneres zu konzentrieren. Ob ich wollte oder nicht, ich konnte nicht ewig auf der Toilette bleiben. Ich musste zu meinem Platz zurück. Ich atmete noch einmal tief durch und drückte die Tür entschlossen auf.

Erhobenen Hauptes durchschritt ich den Gang, ohne nach rechts oder links zu blicken.

Aus den Augenwinkeln heraus registrierte ich die Reaktionen der Passagiere. Entsetzt rissen sie die Augen auf, schlugen die Hände vor den Mund und tuschelten aufgeregt mit ihren Nachbarn. Ich konnte ihre Blicke spüren, die meinen Rücken wie spitze Dolche zu durchbohren schienen. Es war ein regelrechter Spießrutenlauf. Ich setzte mich auf meinen Platz und starrte geradeaus. Im selben Augenblick hörte ich, wie der Pilot nach einem Arzt an Bord ausrief.

„Ich bin Ärztin", vernahm ich eine leise, aber warme Stimme mit französischem Akzent.

Die Frau, die direkt neben mir auf der anderen Seite des Ganges saß, hatte sich erhoben und war neben mir in die Hocke gegangen. Schön, dachte ich, eine Ärztin aus Frankreich. Ich liebe Frankreich! Und dann saß sie direkt neben mir. Ich schaute ihr in die Augen und entdeckte dort tiefes Verständnis und Ruhe. Sie sah mich anders an als die anderen im Flugzeug. Sie fühlte sich durch mein Äußeres nicht abgeschreckt. Sie betrachtete mich mit der nötigen sachlichen Distanziertheit, die ein Arzt an den Tag legt, wenn er einen Patienten untersucht. Für sie war ich einfach ein Mensch, der Hilfe brauchte. Hinter dieser Sachlichkeit spürte ich jedoch eine tiefe Wärme und Verständnis.

Ich fasste sofort Vertrauen zu ihr, konzentrierte mich nur noch auf sie und blendete alle anderen Passagiere, alles um mich herum, aus. Sie war jetzt für mich da, alles würde gut werden. Ich merkte, wie ich innerlich ganz ruhig wurde. Den Mann, der neben ihr auftauchte, nahm ich kaum wahr. Es war ein weiterer Arzt aus der Schweiz, der seine Hilfe anbot. Die Ärztin stellte mir einige Fragen und bat mich, die Zunge herauszustrecken.

„Sie haben Blasen auf der Zunge und im Rachenraum. Haben Sie Atemprobleme?", wollte sie wissen.

„Ein bisschen", antwortete ich mit kratziger Stimme, „aber es geht."

Die beiden Ärzte streckten ihre Köpfe zusammen, um sich über das weitere Vorgehen zu einigen. Die französische Ärztin erklärte sich bereit, mir intravenös Kortison zu spritzen, sollte sich mein Zustand verschlimmern und die immer größer werdenden Blasen meine Atemwege verschließen. Der andere Arzt weigerte sich, ihm sei das Risiko zu groß. Er hielt es für zu gefährlich unter den Druckverhältnissen, die in einem Flugzeug herrschen.

„Ich werde es tun, wenn es nötig ist." Mitfühlend legte sie mir die Hand auf die Schulter.

„Ich werde es nicht brauchen", meinte ich nur. Ich war davon überzeugt, dass ich einfach nur diesen Flug zu überstehen bräuchte und alles würde dann wieder gut. Nur diesen Flug überstehen, wiederholte ich innerlich wie ein Mantra, nur diesen Flug überstehen, dann wird alles gut.

An den Rest des Fluges erinnere ich mich kaum noch. Irgendwann sind wir in der Schweiz gelandet. Ich musste mich von Mike trennen. Während er die Zollkontrolle passieren musste und unser Gepäck holte, schleuste man mich an den Zollformalitäten vorbei. Ein Mann wartete auf mich, er sollte mich nach draußen begleiten.

Als er mich erblickte, fing er an zu fluchen: „Herrgott noch einmal! Man hat mir gesagt, es sei eine Allergie! Das ist doch keine Allergie, Herrgott noch einmal! Wenn ich das gewusst hätte, hätte ich einen Krankenwagen gerufen. Was machen wir denn nun? Heilige Scheiße! Am besten, ich setze Sie in ein Taxi zum Unispital. Wenn ich die Ambulanz anrufe, dauert das noch länger."

Er führte mich durch ein wirres Ganglabyrinth nach draußen. In der Eingangshalle erblickte ich die Mutter von Mike. Sie schaute mich an, schien mich aber nicht zu erkennen.

„Gertrud", sprach ich sie an.

Ihr Atem stockte, die Augen weiteten sich und gleichzeitig blickte sie suchend hinter mich. Ihre Panik war förmlich greifbar.

„Mike geht es gut, er kommt später durch den Zoll", las ich ihre Gedanken und versuchte sie zu beruhigen. Sie zitterte am ganzen Körper, aber ich hatte jetzt andere Sorgen.

„Ich muss jetzt ins Krankenhaus." Mit diesen Worten ließ ich sie stehen.

Das Taxi wartete bereits draußen und fuhr mich direkt in die Notfallaufnahme des Krankenhauses. In der ganzen Aufregung hatte ich ganz vergessen, dass ich kaum noch Schweizer Geld dabei hatte und mit thailändischen Baht konnte der Taxifahrer wohl kaum etwas anfangen.

Als ich ihm die restlichen zehn Franken, die ich noch hatte, hinstreckte, nahm er sie und meinte: „Ist schon gut. Gehen Sie jetzt. Viel Glück!"

Langsam betrat ich den dunklen Korridor. Er war menschenleer. Alle Stühle standen vereinsamt da. Die sonst so betriebsame Notaufnahme schien wie ausgestorben. Es roch nach Desinfektionsmittel und der Boden glänzte wie ein Affenarsch, wie meine gute alte Oma zu sagen pflegte. Es war so ruhig, jeder einzelne meiner Atemzüge war zu hören. Völlig hilflos stand ich da und hatte keine Ahnung, was ich machen sollte.

„Hallo", rief ich. Meine Stimme verlor sich in der dunklen Leere. Dennoch musste mich jemand gehört haben. Eine Krankenschwester streckte ihren Kopf aus einer Tür heraus.

„Jesses", entfuhr es ihr, als sie mich sah.

Ohne ein weiteres Wort zu verlieren, machte sie sich davon und kehrte mit einem Rollstuhl zurück. Bevor ich mich versah, wurde ich sanft auf das Sitzpolster gedrückt. Ausgerechnet ich, die sich immer aufregte, wenn in den amerikanischen Arztserien die schwangeren Frauen mit schmerzverzerrten Gesichtern in Rollstühle bugsiert werden. Mann, die bekamen doch nur ein Baby. Der entschlossene Blick der Schwester machte mir jedoch klar, dass es sinnlos war, zu protestieren.

„Es tut mir leid", setzte die Krankenschwester an, „wir haben heute nur minimale Belegschaft. Es ist Feiertag. Jetzt müssen wir erst mal schauen, wo wir Sie am gescheitesten unterbringen. Ich denke, Sie gehören am ehesten in die dermatologische Abteilung."

Ich wurde sofort auf die Dermatologie gebracht. Mittlerweile begann es draußen zu dämmern. Die Abendschicht hatte begonnen. Ich wurde sofort an eine Infusion gehängt. Große Untersuchungen wurden keine mehr gemacht. Ich wurde die erste Nacht erst einmal mit Kortison versorgt und ruhiggestellt.

Die Abteilung war voll belegt, sodass man mich in ein Zimmer, in dem sonst ambulante Patienten unter der Woche behandelt wurden, legte. Darin sah es zwar aus wie in einer Abstellkammer, es hatte jedoch den Vorteil, dass ich alleine war. Als mir Mike am Abend noch ein paar persönliche Sachen vorbeibrachte, meinte ich, dass ich am Freitag mit ihm einen Film im Kino schauen wolle, von dem ich gelesen hatte, dass er gerade lief. Der 19. April 1993, der Tag, an dem ich eingeliefert wurde, war ein Montag. Dass ich noch so einige Filme verpassen würde, wusste ich zum damaligen Zeitpunkt nicht, und das war auch gut so.

5
Diagnose Lyell-Syndrom

Am nächsten Tag begannen die Befragungen und Untersuchungen. Nachdem ich den Ärzten erzählt hatte, dass ich eine Malariaprophylaxe genommen hatte, da wir in einem malariagefährdeten Gebiet unterwegs gewesen waren, schienen bei ihnen die Alarmglocken zu läuten. Die Gewebeprobe, die man mir am Oberschenkel entnahm, bestätigte ihren Verdacht. Ich hatte das Lyell-Syndrom.

Ich hatte keine Ahnung, was das war, und mit Informationen darüber hielt man sich sehr bedeckt. Ich war aber auf naive Weise erleichtert darüber, dass man diesem Ding, das mich zum Monster machte, einen Namen zuordnen konnte und war überzeugt, dass man mir schnell das richtige Medikament verabreichen würde. Die Crux bei diesem Syndrom ist, dass es sich um eine toxische Reaktion auf eine Medikamentensubstanz handelt, in meinem Fall waren es die Sulfonamide, gegen die man jedoch nicht einfach ein Gegengift auf Lager hat. Die gängige Behandlung besteht insbesondere in der Abgabe von hohen Kortison-Dosen.

Ich wurde auf ein Zimmer verlegt, in dem ich schon bald alleine untergebracht wurde. Die Krankheit nahm ihren Lauf. Die kleinen Blasen wurden zu großen mit Wasser gefüllten Blasen. Es kam zu großflächigen Ablösungen der Haut, ähnlich wie bei einer Verbrennung. Ich ging davon aus, dass es sich um den normalen Krankheitsverlauf handelte und vertraute auf die Aussage der Ärzte, dass sie alles im Griff hätten. Für mich war zu diesem Zeitpunkt das Wichtigste, dass ich mir meine Selbstständigkeit, soweit es ging, bewahrte.

Ich bestand darauf, dass ich mich selbst wusch, mir die Zähne putzte und die Nase mit einer Salzwasserlösung spülte, um die Schleimhäute feucht zu halten. Manchmal dauerte Stunden, wofür ich sonst nur Minuten gebraucht hätte. Aber ich hatte ja auch sonst nichts zu tun. Also war es für mich auch so eine Art Selbstbeschäftigung.

Man brachte mir auch ein Augenstäbchen aus Glas. Es sah so ähnlich wie ein Wattestäbchen mit abgeflachtem Kopf aus, nur eben aus Glas. Die Krankenschwester erklärte mir, dass bei dieser Krankheit die Gefahr bestünde, dass die in Mitleidenschaft gezogenen Schleimhäute am Augenlid anwachsen. Um das zu verhindern, musste die Schleimhaut täglich mehrere Male vom Auge gelöst werden, indem ich das Innere des Auges mit diesem Stäbchen umkreiste. Mit zittrigen Händen stand ich vor dem Spiegel und tat, wie mir geheißen. Ich war jedes Mal nachher schweißgebadet. Überhaupt war ich eine Musterpatientin. Ich hielt mich genauestens an die Anweisungen, denn wenn ich ganz brav alles befolgte, wäre ich ganz schnell wieder draußen.

Jeden Tag wurde ich mit den verschiedensten Cremes eingesalbt und oft stundenlang in Tücher eingepackt. Ich fühlte mich dann wie ein einbalsamierter Pharao in seinem Sarkophag. Nur mit dem Unterschied, dass der Pharao zu diesem Zeitpunkt bereits tot war und davon nichts spürte. Ich fühlte mich wie in einer Zwangsjacke. Eigentlich hätte diese Behandlung Linderung bringen sollen, aber es brannte wie Feuer und juckte so sehr, dass ich am liebsten aus der eigenen Haut gefahren wäre. Mein einziges Bestreben bestand darin, so bald wie möglich wieder aus der Packung rauszukommen.

6
Die Götter in Weiß

Die Tür öffnete sich ruckartig. Hereingerauscht kam der Klinikdirektor Dr. Ritter. Er bewegte sich zielstrebig, schien aber gleichzeitig, ohne irgendwelche Spuren zu hinterlassen, über dem Boden zu schweben. Er positionierte sich neben meinem Bett, plusterte sich wie ein Wellensittich auf und richtete seinen Blick Richtung seiner geneigten Zuhörerschaft. Im Schlepptau war eine ganze Schwadron an Assistenzärzten eingetreten, allesamt mit Schreibblock und Kugelschreiber bewaffnet. Dr. Ritter stellte sich kurz vor. Dann begann er in einem monotonen Singsang einen in Fachchinesisch gehaltenen Monolog über die Köpfe hinweg zu halten.

Ich verstand nur Bahnhof, aber um mich schien es ja nicht zu gehen, zumindest nicht als Mensch. Ich war ja die große medizinische Sensation, so was bekam man nicht alle Tage zu sehen, das Vorzeigeobjekt für seltene Studien. Ich kam mir vor wie auf einer Fleischbeschau, ich fühlte mich vollkommen nackt. Und damit meine ich nicht die Tatsache, dass das schmucke Spitalhemdchen nur wenig von mir verhüllte. Nein, ich fühlte mich bis auf die Seele ausgezogen, die nun zerschunden und ausgeliefert auf dem Präsentierteller lag.

„He, hallo! Hier bin ich!", schrie es innerlich in mir.

Doch der stumme Schrei hatte nicht die Kraft, bis an die Oberfläche zu gelangen und erstarb in mir. Die Assistenzärzte schrieben fieberhaft auf. Manchmal schaute einer heimlich über den Blattrand hinaus, suchte Augenkontakt mit mir oder taxierte mich mit einem mitfühlenden Blick. Aber nur ganz kurz! Der Chef trieb zur Eile.

Plötzlich hielt Dr. Ritter inne. Er nahm eine meiner Hände und deutete auf die Fingernägel: „Die sind ja noch dran", meinte er bloß kurz.

Ich schluckte leer. „Was meinen Sie damit?", fragte ich verstört, es war das Erste, was ich von mir gab.

„Die fallen Ihnen noch aus, das gehört zum Krankheitsbild."

Peng! Ich fühlte mich wie ein Luftballon, der mit einer spitzen Nadel angestochen wird und zerplatzt, um dann mit einem leisen Zischen völlig in sich zusammenzuschrumpfen. Innerlich fiel ich zu einem Nichts zusammen. Dass ich die Fingernägel tatsächlich zu einem späteren Zeitpunkt verlor, tut nichts zur Sache. Man hätte es mir aber auf eine schonendere Art und Weise mitteilen können. Aber das menschliche Einfühlungsvermögen schien nicht seine Stärke zu sein.

Nun wandte er sich an die Krankenschwester, die sich in der hintersten Ecke des Zimmers verkrochen hatte, und gab ihr Anweisungen über das weitere Prozedere. Das war's dann auch. Die Visite war vorbei, und ohne auch nur einmal von Mensch zu Mensch zu mir gesprochen zu haben, verließ der Herr mit seinem Trupp das Zimmer.

Kurze Zeit später betrat die Schwester den Raum mit einem Tablett, auf dem der übliche Medikamenten-Cocktail in kleinen Becherchen bereitstand. Doch dieses Mal gesellte sich eine Tablette in einem grünen Behälter dazu.

„Das müssen Sie ab heute nehmen. Es ist ganz wichtig, verstehen Sie, ganz wichtig, dass Sie viel trinken. So viel wie möglich. Dieses Medikament ist sehr stark, es kann sonst Ihre Nieren angreifen. Damit wir Ihren Wasserhaushalt unter Kontrolle haben, müssen Sie von nun an in eine Flasche urinieren. Zudem müssen Sie Buch führen, wie viel Wasser Sie trinken. Haben Sie das verstanden? Es ist wirklich ganz wichtig!"

„Klar", dachte ich innerlich, „bin ja schließlich nur krank und nicht blöd."

Das schien wohl eine medikamentöse Keule zu sein, die man mir da verabreichte. Mehr Informationen bekam ich zu dieser Tablette nicht. Dass ich ab heute einer Chemotherapie unterzogen wurde, wusste ich nicht. Ich erfuhr erst viel später davon, als ich meiner Tante gegenüber mal erwähnte, dass ich Endoxan bekommen hatte. Meine Tante ist Krankenschwester und schüttelte damals nur verständnislos den Kopf.

Dr. Ritter hatte es nicht für nötig befunden, uns, weder meine Eltern noch mich, über dieses winzige Detail zu unterrichten. Wozu auch, wir waren ja die Laien und sie die Ärzte, die alles im Griff hatten. Klar, vermutlich hätte es nichts an der Tatsache geändert, dass ich die Tabletten genommen hätte. Es wäre aber wohl nichts als fair gewesen, mich zu informieren. Später einmal, als ich den Arzt darauf ansprach, machte er einen auf „Mein Name ist Hase". Er wollte sich partout nicht daran erinnern, mir dieses Medikament verschrieben zu haben.

Unter den Blasen wuchs neue Haut. Als die alte Haut sich in Fetzen ablöste, kam darunter neue, frische Haut zum Vorschein. Schweinchenrosa. Eigentlich hätte ich mich darüber freuen müssen. Doch meine neue Haut tat höllisch weh. Sie brannte wie verrückt und spannte. So, als hätte man mich in ein zu enges Kostüm gezwängt, nur dass dieses Kostüm aus Haut bestand.

„Mir tut meine neue Haut so weh, ist das normal?", fragte ich die Schwestern und Ärzte immer wieder.

Das sei der Heilungsprozess, bekam ich zur Antwort. Es sei alles in Ordnung. Ich spürte jedoch, dass etwas nicht stimmte, es fühlte sich einfach nicht gut an. Die neue Haut passte mir im wahrsten Sinne des Wortes nicht.

Mein Zustand verschlechterte sich. Ich bekam wieder hohes Fieber, glühte wie ein Backofen. Die Lippen platzten auf und bildeten eine blutige Kruste. Sie legten mir mit Kochsalzlösung getränkte Gazen darauf. Jedes Mal, wenn man sie entfernte, kam die halbe Lippenhaut mit und ich schmeckte den metallischen Geschmack meines Blutes. Meine so hart umkämpfte Selbstständigkeit verlor ich Stück um Stück. Man stellte mir einen WC-Stuhl neben das Bett, weil ich den Weg zur Toilette nicht mehr schaffte.

„Da setz ich mich bestimmt nicht drauf", schwor ich mir, als ich dieses Unding erblickte. Und so war es dann vorerst auch. Ich übersprang diesen Teil. Ich schaffte es nicht einmal mehr darauf, so schwach war ich geworden. Ich musste mein Geschäft auf einer Bettpfanne verrichten. So hatte ich mir das nicht vorgestellt.

Mit Schrecken stellte ich fest, dass diejenige Haut, die bereits betroffen gewesen war und eigentlich hätte abheilen sollen, mit neuen Blasen überzogen wurde. Ich war mir sicher, da stimmte etwas nicht.

„Wir haben alles im Griff", hieß es nur, wenn sich meine Eltern über meinen Zustand besorgt zeigten. Das starke Medikament wurde abgesetzt.

Die Ärzte ordneten eine Blutentnahme an. Im Halbstundentakt kam eine Krankenschwester und musste mir Blut abzapfen. Entweder sie hatten einen blutrünstigen, durstigen Vampir auf der Station oder mit meinen Blutwerten war doch nicht alles so „supi", wie man uns glauben machen wollte. Die Schwester kam jedes Mal leiser und geduckter in den Raum. Sie kämpfte mit den Tränen und entschuldigte sich, dass sie mir schon wieder wehtun müsste. Ich versuchte sie zu beruhigen, indem ich ihr erklärte, dass ich es gar nicht spürte. Die anderen Schmerzen in meinem Körper waren viel lauter, da bemerkte ich das leichte Piksen im Arm gar nicht. Ich denke, es war für sie viel schwerer als für mich. Das Problem war, dass meine Haut mittlerweile so in Mitleidenschaft gezogen war, dass sie keine geeignete Vene mehr traf und x Versuche brauchte. Der Schweiß stand ihr auf Nase und Stirn. Manchmal hatte erst die dritte Schwester Glück.

Bei der vierten Abnahme brachte sie einen Pfleger mit. Ich kannte ihn. Er brachte mir immer das Essen. Er sprach nur gebrochen Deutsch, aber statt vieler Worte legte er mir immer ein kleines Präsent aufs Tablett, ein Stückchen Schokolade oder eine kleine Blume. Dabei zwinkerte er mir immer aufmunternd aus seinen sanften Augen zu. Nun kam er mit einer Geige in der Hand herein. Während sich die Schwester erneut ans Werk machte, klemmte er sich die Geige unters Kinn und begann zu spielen.

Der sonst etwas behäbig wirkende Mann bewegte seinen Geigenbogen mit einer unendlichen Grazie über die Seiten. Es war fast schon ein Streicheln der Seiten. Dabei entlockte er seinem Instrument die wundervollsten Töne. Er war ein wahrer Geigenvirtuose. Er hielt die Augen geschlossen und schien mit dem ersten Ton in eine andere Welt zu entgleiten. Auch ich schloss die Augen und ließ mich auf einer zauberhaften Melodie in andere Sphären tragen. Es war, als gäbe es nur noch diese wundervolle Musik und diesen Mann, der nur für mich spielte. Ich spürte, wie mir Tränen die Wangen hinunterliefen, Tränen der Rührung und der Dankbarkeit. Ich hätte ihm noch stundenlang zuhören, mich dem irrigen Gefühl, der Realität entfliehen zu können, hingeben können.

Als der letzte Ton verstummte, öffnete ich meine Augen wieder. Unsere Blicke trafen sich im stillen Einvernehmen. Wir waren beide an einem traumhaften Ort gewesen. Freudestrahlend hielt mir die Krankenschwester die rot gefüllten Röhrchen unter die Nase: „Wir haben's geschafft! Jetzt lassen wir Sie in Ruhe!" Die Erleichterung stand ihr ins Gesicht geschrieben.

Die nächsten Tage versprachen keine Besserung. Dr. Ritter verschaffte mir erneut die Ehre. Seine größte Sorge war, ob man mich schon fotografiert hätte. Ich weiß nicht, wie viele Fotos von mir gemacht wurden, irgendwann hatte ich aufgehört zu zählen. Mir ist schon klar, dass sie die Gelegenheit nutzen mussten, um Bildmaterial für ihre medizinischen Studien zu bekommen. Mit jedem Foto aber wurde mir ein kleines Stück meiner Privatsphäre und meiner Menschenwürde genommen.

„Wo tut es Ihnen weh?", fragte er allen Ernstes.

Wenn es nicht so tragisch gewesen wäre, hätte ich laut zu lachen angefangen. Wo tut es Ihnen weh? Das konnte doch wohl nicht wahr sein. Ich war eine einzige offene Wunde, mir tat jede einzelne Faser weh!

Draußen hörte ich dann, wie meiner Mutter der Kragen platzte. Sie verbat sich in Zukunft solch blöde Fragen und fotografiert würde überhaupt nicht mehr. Sie musste sich schwer zusammennehmen, dass sie diesem Mann nicht eigenhändig an die Gurgel ging.

Am Nachmittag klopfte es an der Tür. Ich bekam die Augen nur noch schwer auf. Ein Mann, den ich zuvor noch nie gesehen hatte, stellte sich neben mein Bett und betrachtete mich. Er trug einen weißen Kittel, musste also wohl ein Arzt sein.

„Hallo Sandra, ich bin Dr. Shanti."

Seine warme, tiefe Stimme fand sofort Zugang zu meinem Innern. Mir wurde ganz warm ums Herz und ich verspürte sofort eine tiefe Vertrautheit zu diesem Fremden, der mich von Beginn an duzte.

„Ich werde dich jetzt woanders hinbringen lassen. Wir sehen uns dann später."

So schnell er gekommen war, so schnell war er auch wieder gegangen. Einen Moment lang überlegte ich, ob ich das alles nur geträumt hatte. Wer war dieser Arzt, fragte ich mich.

Eine der Krankenschwestern, die früher auf der Verbrennungsintensivstation gearbeitet hatte, war eigenmächtig zu Dr. Shanti gegangen und hatte ihm von mir erzählt. Sie bat ihn inständig, bei mir vorbeizuschauen. Sie meinte, dass ich nicht am richtigen Ort sei. Unverzüglich kam er ihrer Bitte nach, um sich selbst ein Bild zu verschaffen. Er schien die Meinung der Krankenschwester zu teilen und veranlasste ohne weitere Rücksprache meine Verlegung auf die Intensivstation. Diese erfolgte noch am gleichen Nachmittag.

Zwei Wochen hatte ich auf der dermatologischen Abteilung gelegen. Das, was bisher geschehen war, sollte erst der Anfang gewesen sein. Ich war dabei, einen zweiten Krankheitsschub zu erleiden. Was sich bisher als Besserung gezeigt hatte, war trügerisch. Die Krankheit hatte unter der Oberfläche weitergewütet und war nun offenkundig zur zweiten Schlacht aufs Feld gezogen. Mit dem Unterschied, dass mein Körper schon geschwächt war. Es war, als hätte jemand auf grausame Art und Weise den Reset-Knopf gedrückt und mich an den Ausgangspunkt der Fahrt zur Hölle gesetzt.

7
Zeit ist relativ

Ich wurde mit meinem Bett aus meinem Zimmer geschoben, am Fußende der Pfleger, der so toll Geige spielte, am Kopfende meine Mutter. Mit dem Lift ging es abwärts in die unterirdischen Gänge des Unispitals. Das ganze Spital ist durch ein Labyrinth von Gängen miteinander verbunden. Kaum setzte sich das Bett in Bewegung, schrie ich auf:

„Das brennt wie Feuer! Mein Gesicht tut so weh!"

Der leichte Lufthauch verursachte in meinem offenen Gesicht stechende Schmerzen. Es war, als würde man mein Gesicht über Schleifpapier ziehen. Immer und immer wieder, bis die Haut sich in tiefen Schrammen freilegte, in die die Luft wie spitze Messer hineinbohrte. Sie drehten mein Bett um, sodass ich den Kopf nicht mehr im Fahrtwind hatte. Das half jedoch kaum. Ich betete innerlich, dass es nicht mehr weit war. Doch die grellen Neonröhren an den Decken schienen kein Ende nehmen zu wollen.

Endlich! Wir waren am Ziel. Im Gang vor der Intensivstation sollte die „Übergabe" stattfinden. Die Krankenschwestern konnten mich jedoch nicht einfach auf das andere Bett heben. Die Schmerzen wären zu groß gewesen. Zudem hätte die Gefahr bestanden, dass sie mir dabei die Haut in Fetzen abrissen.

„Ich mach das selbst."

Sie stellten das neue Bett direkt daneben. Ich musste nur herüberrutschen. Normalerweise ein Klacks, mal schnell rüber, ist ja nur ein Katzensprung. Für mich war es eher so, als würde ich den Mount Everest besteigen. Zentimeter um Zentimeter setzte ich mich in Bewegung. Das, was mir wie ein paar Minuten erschien, waren in Tat und Wahrheit Stunden, wie mir meine Mutter später erzählte. Sie stand die ganze Zeit durch eine Scheibe getrennt am Ende des Ganges und schaute ohnmächtig meinem

Kampf zu. Sie musste warten, denn hier begann der sterile Bereich, in den man ohne die geeignete Kleidung nicht hineindurfte.

Nach zwei Stunden hatte ich es geschafft. Ich wurde in mein Zimmer geschoben. Dann versammelte sich ein ganzes Team von Pflegern und Krankenschwestern um mein Bett und nahm die Anweisungen Dr. Shantis, der sein Versprechen, mich bald wiederzusehen, gehalten hatte, entgegen. Seine Anweisungen waren kurz, aber klar und präzise. Und wieder spürte ich dieses Vertrauen in diesen Mann mit der wundervoll sonoren Stimme.

Ich nahm auch die Verbundenheit innerhalb des versammelten Teams wahr. Bei einem Fußballteam würde man von Teamgeist sprechen. Während sich die Fußballmannschaft zum Ziel gesetzt hatte, die gegnerische Mannschaft zu besiegen, hatte man sich hier zum Sieg über den Tod zusammengetan.

Meine Mutter durfte dann noch kurz zu mir herein. Sie war in eine Vollmontur in Grün gesteckt worden. Auf dem Kopf trug sie ein Häubchen und ihr Gesicht war von einem Mundschutz bedeckt. Nur ihre Augen konnte ich sehen. Groß und ängstlich schauten sie mich an. Ich spürte, wie sie sich beherrschte, um nicht zu weinen.

„Mama, jetzt bin ich am richtigen Ort. Jetzt wird alles gut!"

Ich sagte das nicht bloß, um meine Mutter zu beruhigen, nein, es war meine tiefste Überzeugung. Wenn es einer schaffen würde, mich durchzubringen, dann Dr. Shanti. Das war so sicher wie das Amen in der Kirche.

Von da an verlor ich jegliches Zeitgefühl. Ich wusste manchmal nicht, ob es Tag oder Nacht war. Ich hätte nicht sagen können, ob ich nun Tage oder schon Wochen hier lag. Aber das spielte auch keine Rolle. Es gab nur das Jetzt, einen 24-Stunden-Kampf, den ich um mein Leben antrat. Ich realisierte, dass ich an der Schwelle zum Tode stand. Würde ich mich nur einen Augenblick aufgeben, so gäbe es kein Morgen mehr.

8
Völlig losgelöst oder die vierte Dimension

Mein neues Bett machte mir das Leben nicht gerade einfacher. Es war viel härter als das auf der Dermatologie. Die harte Unterlage drückte unerbittlich auf meine freigelegten Nervenenden. Ich konnte mich überhaupt nicht entspannen, befand mich in einer dauerhaften Verkrampfung. Ich versuchte mich mit den Fersen und den Schultern in der Schwebe zu halten, damit ich möglichst wenig Auflagefläche hatte. Mir tat jeder einzelne Muskel weh. Die Haut am Rücken und Beinen begann sich großflächig abzulösen und ich lag auf den offenen Wunden.

Damit ich nicht am Leintuch kleben blieb, legten sie mir eine spezielle Folie mit einer Art Antihaftbeschichtung aufs Bett. Leider unterlief ihnen ein Fehler und sie legten die Folie mit der falschen Seite nach oben, auf der ich erst recht kleben sollte. Als sie die Folie wechseln wollten, klebte die wie eine zweite Haut an mir. Getreu nach dem Motto „kurz und schmerzlos" rissen sie die Folie mit einem Ruck runter. Wie ein Pflaster, das mal man eben wegreißt. Mich durchfuhr ein brennender Schmerz. Um ein Haar hätte ich mich übergeben müssen. Mit der Folie war meine halbe Tapete runtergekommen. Es fühlte sich an, als hätte man mir in Sekundenschnelle die gesamte Hinterseite freigelegt.

„Oh mein Gott!", wimmerte ich.

Die hilflosen Entschuldigungsversuche der Schwestern bekam ich kaum mit. Das Schlimmste an der Sache war, dass sie mir die neue Folie wieder falsch herum drauflegten. Wenn ich in der Lage gewesen wäre, hätte ich sie eigenhändig verprügelt. So aber ergab ich mich meinem Schicksal. Doch dieses Mal bestimmte ich, wie die Folie runter sollte. Langsam! Auch wenn es Stunden dauern sollte. Zum Glück klebte die Folie dieses Mal nicht so großflächig dran. Das hartnäckigste Stück klebte an meinem Hintern, etwa so groß wie die Fläche eines Fünffrankenstückes. Es schien regelrecht mit mir verschweißt zu sein. Sage und schreibe eine Stunde lang fummelten sie mir mit Pinzette die Stelle wieder frei.

„Aber dieses Mal bitte richtig!", ermahnte ich sie, als sie mit der neuen Folie ankamen. „Noch einmal mache ich das nicht mit!"

Am nächsten Tag ging die Tür auf. Hereingeschoben wurde ein Ungetüm von Bett. Ein absolutes Hightech-Teil, dessen Miete ein Vermögen kostete. Es handelte sich um ein mit Luft gefülltes Bett, ähnlich wie ein Wasserbett, nur mit Luft drin. Die Luft wurde automatisch auf- und abgeblasen, sodass eine Art Wellenbewegung an der Oberfläche des Bettes entstand. So lag ich auf einem bewegten Luftkissen. Ich verspürte kaum noch Druckstellen. Die Oberfläche war aus einer speziellen Goretex-Beschichtung. Hurra! Vorbei die Zeiten der am Hintern klebenden Folien.

Zudem konnte das Bett beheizt werden. Es ist nämlich schweinekalt, so ganz ohne Haut. Ich hatte noch nie so erbärmlich gefroren wie die letzten Tage, obwohl mein Zimmer auf 30 Grad Celsius aufgeheizt worden war. Ich fühlte mich wie an Weihnachten, einfach glückselig über dieses Geschenk. Vor Freude wäre ich allen am liebsten um den Hals gefallen.

Obwohl ich Schmerzmittel bekam, litt ich Qualen. Zu viele Medikamente wollte man mir nicht verabreichen, da ich einerseits auf ein Medikament reagiert hatte und man keine weiteren Reaktionen auslösen wollte, und andererseits, weil die Pfleger bei der Behandlung darauf angewiesen waren, dass ich ihnen den Schmerz signalisierte. Schließlich hantierten sie direkt auf den Nerven. Eine zu tiefe Behandlung hätte die Nervenenden irreparabel zerstört.

Dann geschah etwas Eigenartiges und Wunderbares zugleich. Es war, als würde ich mich von meinem Körper lösen, als schwebte ich immer leicht über mir. Ich hatte früher schon einmal über Nahtod-Erfahrungen gelesen, in denen Menschen aus ihrem Körper raus sind und sich dann selbst von oben gesehen haben. So war es bei mir aber nicht. Es war vielmehr als hätte sich mein Körper einfach „vergeistigt". Ich weiß, das hört sich seltsam an, aber ein besseres Wort fällt mir dazu nicht ein.

Es war, als schwinge alles in mir auf einen konzentrierten Punkt zusammen, eine Art Lichtkugel über dem Herzen schwebend. Hier herrschten nur Ruhe und ein tiefer, innerer Friede, den ich zuvor noch nie gespürt hatte. In diesem Zustand waren die Schmerzen und auch die Zeit außer Kraft gesetzt. Es war, als befände ich mich in einer vierten Dimension, die weder an Ort, noch Zeit und an keine Körperlichkeit gebunden war.

Ich nahm auch meine Umwelt und die Menschen ganz anders wahr. Mir eröffneten sich Kanäle, die mir zuvor verschlossen gewesen waren. Ich nahm die Stimmung und Emotionen über Schwingungen wahr. Über die Gefühle der Menschen an meinem Bett erfuhr ich, ohne dass sie es aussprachen, wie schlecht es um mich stand. Ich registrierte deren Angst, Verzweiflung und auch Zweifel an meinem Überleben. Ich selbst aber zweifelte keinen Augenblick lang, dass ich überleben würde. Jetzt zu sterben, kam für mich nicht infrage. Ich fühlte eine starke Verbundenheit mit Gott. Die Zeit, dass er mich zu sich rief, war noch nicht gekommen. Auch Angst hatte ich keine.

Einige Zeit später registrierte ich Hektik auf der Station. Schritte rannten hin und her. Technisches Gerät wurde in die Zimmer weiter vorne geschoben. Von da an hörte ich das Piepen der Maschinen. Zwei schwer verletzte Patienten waren eingeliefert worden. Verbrennungen durch Strom. Zwei Männer in meinem Alter. Der eine war aus Spaß auf einen Eisenbahnwaggon gestiegen und kam mit dem darüber liegenden Kabel in Berührung. Der andere wollte ihm helfen. Innere und äußere Verbrennungen, etwas vom Schlimmsten überhaupt. Den beiden ging es so schlecht, dass man sie in ein künstliches Koma versetzte. Die Beatmungsgeräte waren 24 Stunden zu hören, denn sie hatten die Lautsprecher eingestellt, sodass die Schwestern sie hörten, auch wenn sie sich nicht gerade in deren Zimmer aufhielten.

Die Schwestern durften mir aus Gründen der Privatsphäre nichts über die beiden und deren Zustand erzählen. Das war aber auch gar nicht nötig. Über die Schwingungen, die nun zur

Hauptfunktion meiner Wahrnehmung geworden war, konnte ich Kontakt mit ihnen aufnehmen. Konnte mich in sie einfühlen. Besonders dem einen ging es ganz schlecht. Immer wenn die Maschinen ihre Piepfrequenz beschleunigten, machte sich Hektik breit. Ich beschäftigte mich viel mit diesen beiden, sie taten mir leid. Ich betete für sie, dass es ihnen bald besser gehen möge. Manchmal war ich mehr bei ihnen als bei mir selbst. Das lenkte mich ab.

Heute war es bei mir wieder so weit. Ich hatte einen Termin im OP. In meinem Bett wurde ich rübergeschoben. Mit einer Art Kran und Gurten, die mir um den Nacken, den Beckenbereich und die Füße geschnallt wurden, wurde ich in eine kalte, metallene Wanne gehoben. Die alte Haut, die sich in Fetzen ablöste, musste mit Pinzetten vorsichtig entfernt werden. Dabei ist absolutes Fingerspitzengefühl gefragt. Die Haut soll dabei nicht noch mehr verletzt werden. Dr. Shanti arbeitete in meinem Gesicht und am Hals, also an den empfindlichsten Stellen. Er machte dies so fein, so präzise, immer darauf bedacht, mir nicht mehr als nötig wehzutun. Er war ein wahrer Meister seines Fachs. Ich atmete tief in meine Schmerzen hinein, stellte mir vor, ich könnte sie wegatmen. Ich gelangte so in eine meditative Ruhe.

Plötzlich vernahm ich aus dem OP nebenan ein markerschütterndes Geräusch. Ich hatte es schon einmal irgendwo gehört, konnte es aber nicht zuordnen. Wie ein Blitz durchfuhr es mich: Das war eine Säge, eine elektrische Säge.

Was machten die bloß mit einer Säge, überlegte ich fieberhaft.

„Oh mein Gott! Es ist einer der beiden Jungs. Sie nehmen ihm ein Bein ab", durchzuckte mich ein qualvoller Gedanke. Ich war so schockiert, dass ich gar nicht mitbekam, dass mich Dr. Shanti ansprach.

„Sandra", riss mich Dr. Shanti aus meinen Gedanken.

„Wir sind fertig mit der Behandlung. Ich muss dir aber noch eine Sonde am Hals setzen, durch die wir dich ernähren können."

Und dann begann für mich das Grauen. Die Haut an meinem Hals war derart geschädigt, dass er kein Gefäß mehr traf. Stattdessen stocherte er auf den blanken Nerven herum. Es traf mich wie ein Stromschlag. Die getroffenen Nerven ließen sämtliche

Muskeln auf der linken Seite reflexartig verkrampfen. Mein Körper zuckte wie wild und ich schrie, während er immer und immer wieder versuchte zu treffen. Ich spürte seine Verzweiflung.

„Bitte, bitte, hören Sie auf", flehte ich ihn an.

„Du schaffst das nicht, Sandra, das ist unmöglich."

„Was? Ich verspreche Ihnen alles, wenn Sie nur aufhören!"

„Du musst pro Tag 8000 Kalorien zu dir nehmen, das meiste davon in Form von Eiweiß, damit sich die Haut regenerieren kann. Das ist fast nicht machbar. Ich muss dir diese Sonde setzen."

„Ich schaff das, ich verspreche es! Ich schaff das!"

Ich hätte ihm alles versprochen. Wenn er mir gesagt hätte, dass ich ab morgen Scheiße fressen müsste, ich hätte es getan. Von diesem Tag an konnte ich mir vorstellen, wie es Leuten erging, die gefoltert werden. Ich spürte meine linke Seite noch ein halbes Jahr lang. Die ersten Tage danach konnte ich mich kaum bewegen.

„Gut, wir versuchen es", willigte er ein.

Zurück im Zimmer wurde ich mit einer zentimeterdicken Salbe eingestrichen, über die dann eine Art Watte gelegt wurde. Dann wurde mir mit einem elastischen Verband der ganze Körper eingewickelt. Fertig war die Mumie! Unter diesen Schichten sollte sich nun die neue Haut bilden. Das war auch der Grund, weshalb ich solch eine hohe Kalorienzahl und eine Menge Eiweiß zu mir nehmen musste. Es war ja nicht gerade so, dass ich im üblichen Sinn Hochleistungen vollbrachte, während ich so dalag. Aber mein Körper tat es. Er brauchte diese ganze Energie, um die Haut zu regenerieren.

Und nicht nur die äußere, sichtbare Haut war betroffen, sondern auch die innere, die Schleimhäute. Auch diese waren stark in Mitleidenschaft gezogen und hatten sich im wahrsten Sinne des Wortes aufgelöst. Dies wurde mir schmerzlich in Erinnerung gerufen, als die Schwester mir meinen ersten Proteindrink brachte.

„Dr. Shanti ist ganz geknickt, das ist ihm in seiner ganzen Karriere noch nie passiert. So, dann wollen wir mal", meinte sie und deutete auf den Drink.

Ich musste mein Versprechen einlösen. Tapfer steckte ich den Strohhalm in den Mund und begann zu schlucken. Es brannte wie Feuer. Jeder einzelne Schluck musste meiner offenen Zunge und dem wunden Rachen entlang heruntergewürgt werden. Jetzt wusste ich, was Dr. Shanti gemeint hatte, als er seine Bedenken geäußert hatte. Aber da musste ich jetzt durch. Ich hatte es versprochen. Eine Alternative gab es nicht und schließlich hing mein Überleben davon ab. Zum Glück schmeckte mir das Zeug ganz gut.

Man verabreichte mir hochwertige Proteindrinks, die sich die Bodybuilder reinziehen, um ihre Muckis ordentlich anschwellen zu lassen. Es gab sie in verschiedenen Geschmacksrichtungen: Vanille, Schoko und Mokka. Ich entschied mich für Vanille. Die anderen Sorten schmeckten mir nicht. Kaum war der erste Drink runter, wurde mir schon der nächste serviert.

Und obwohl ich täglich meine 8000 Kalorien reinzog, nahm ich ab. Am Ende meines Spitalaufenthaltes sollte ich nur noch 47 Kilo bei einer Größe von 178 cm wiegen.

Ein anderes Wunder war der venöse Zugang in meinem Handrücken, durch den ich mit genügend Kochsalzlösung versorgt wurde, damit ich nicht austrocknete. Ich hatte ihn schon auf der Dermatologie gelegt bekommen. Seit dem vergeblichen Versuch, mir am Hals eine Sonde legen zu wollen, graute den Schwestern vor dem Tag, an dem der Venflon verstopfte. Normalerweise dauert das nicht allzu lange, denn die Gefäße an der Hand sind sehr fein. Manchmal redete ich innerlich mit meinem Venflon, bedankte mich bei ihm, dass er mir so treu seine guten Dienste leistete. Ich war jedes Mal erleichtert, wenn ich die kalte Flüssigkeit in meinem Handrücken spürte, wenn der Zugang kontrolliert und durchgespült wurde. Das bedeutete, er war noch frei. Der Venflon hielt bis zu dem Tage durch, an dem sich meine Gefäße so weit erholt hatten, dass man wieder leichter Zugang fand. Erschöpft gab er auf, er hatte seinen Auftrag erfüllt.

Die Tage und Nächte verstrichen. Dass es Nacht war, merkte ich daran, dass man mich in Ruhe ließ. Kein Einsalben, kein Verbandswechsel, keine Proteindrinks. Nur ab und zu jemand, der zur Kontrolle vorbeischaute. Es war die Zeit, in der es auf der Station ruhig wurde. Manchmal kamen mir die Nächte unendlich lang vor. Ich versuchte, nicht einzuschlafen, wach zu bleiben, damit mein Mund offen blieb und ich ihn nicht im Schlaf zumachte. Ständig befeuchtete ich mit meiner Zunge die Lippen. Ich winkelte die Beine an und spreizte sie.

Doch meist war die Müdigkeit stärker, der Schlaf siegte und ich verlor den Kampf, wofür ich am Morgen den Preis zu zahlen hatte. Ich wachte auf. Meine Mundöffnung war fest zugeklebt, als hätte man sie mir im Schlaf zugenäht. Mit feuchten Kompressen versuchte man die blutige Verkrustung wieder aufzuweichen, bis man sie mit einer Art Messer am Mundwinkel aufschneiden konnte. Eine kleine Öffnung, gerade groß genug, um einen Strohhalm durchstecken zu können, damit ich mein Frühstück, heute mal zur Abwechslung ein leckerer Vanilledrink, reinziehen konnte. In der Übung, die Beine gespreizt zu lassen, war ich weitaus besser. Das beherrschte ich sogar im Schlaf. Die Belohnung dafür war, dass ich Wasser lassen konnte, ohne dass dabei die Schamlippen zusammenklebten.

Es ist eigentlich völlig irre, dass ich glaubte, den Kampf ums „nicht einschlafen" gewinnen zu können. Aber manchmal tut man Dinge, die eigentlich unmöglich sind. Doch gerade, weil man sie tut, machen sie manchmal unmögliche Dinge möglich, Überleben zum Beispiel. In meinem Fall stand die Chance denkbar schlecht. Die Sterblichkeitsrate liegt bei einem Lyell-Syndrom bei 25–70 Prozent, je nach Ausmaß der Schädigung. Bei mir lag die Schädigung im obersten Bereich. Ich verlor jeden Quadratzentimeter meiner Haut, außer die Kopfhaut und die Stirn, sie blieben als einzige verschont. Hinzu kam bei mir der eher ungewöhnliche Krankheitsverlauf mit einem zweiten Schub. Die Ärzte gaben mir nur wenig Chance, bereiteten meine Eltern auf meinen Tod vor. Aber ich habe das Unmögliche geschafft. Ich habe überlebt!

Andere hatten nicht so viel Glück. Als ich erneut Kontakt zu den beiden Jungs aufnehmen wollte, gelang es mir nur bei einem. Bei dem anderen spürte ich nur noch Leere, er musste gestorben sein. Er hatte es nicht geschafft. Ich fragte mich immer wieder, auch in der Zeit nach meinem Krankenhausaufenthalt, ob das, was ich über den Kontakt mit den beiden wahrgenommen hatte, nur ein Konstrukt meiner Fantasie war, denn die Krankenschwestern durften mir keine Auskunft geben. Es dauerte über zwanzig Jahre, dass ich darüber Gewissheit erhalten und einmal mehr erfahren sollte, wie klein die Welt doch ist. Als ich Rita, die sich als Testleserin des vorliegenden Buches zur Verfügung gestellt hatte, dieses Kapitel zum Lesen schickte, befiel sie ein eigenartiges Gefühl. Sie konnte es sich nicht erklären. Normalerweise freute sie sich immer auf die Fortsetzung. Nun aber musste sie sich regelrecht überwinden, die Zeilen zu lesen. Während sie ins Kapitel eintauchte, wurde ihr schnell klar, woher ihr Zögern gekommen war. Mit jedem Wort, das sie las, wurde ihr klarer, dass ich hier von ihrem Schwager sprach, der als 18-Jähriger an schwersten inneren Verbrennungen gestorben war. Sie bestätigte mir das, was ich damals nur über die Schwingungen wahrgenommen hatte. Man hatte ihm tatsächlich ein Bein amputieren müssen. Kurze Zeit später ist er seinen Verletzungen erlegen, seine inneren Organe versagten ihren Dienst. Als ich mit ihr telefonierte, war sie zutiefst bewegt. „Nun können wir alle endlich von ihm Abschied nehmen. Es tut so gut zu wissen, dass er nicht alleine war, zu wissen, dass du bei ihm warst."

9
Dr. Shanti

Ohne Dr. Shanti hätte ich es nicht geschafft. Diesem Mann, zu dem ich seit dem ersten Augenblick Vertrauen gefasst hatte, verdanke ich mein Leben. Es ist schwierig, wenn nicht gar unmöglich, meine Dankbarkeit in Worte zu fassen. Für mich war er nicht nur der beste Arzt, den ich je kennenlernte, sondern auch einer der großartigsten Menschen.

Er spielte immer mit offenen Karten, schenkte mir reinen Wein ein, wenn es um meinen Gesundheitszustand ging. Er machte dies jedoch auf eine ganz feinfühlige Art. Er wusste genau, wann es Zeit war, mich mit Fakten zu konfrontieren, die nicht immer leichte Kost waren.

Meine Eltern informierte er offen, aber mit viel Mitgefühl über die hohe Sterblichkeitsrate bei meiner Krankheit. Er beschönigte nie etwas, schürte keine falschen Hoffnungen, blieb aber immer optimistisch. Er erklärte ihnen auch, dass sie aus medizinischer Sicht alles in ihrer Macht Stehende getan hätten. Nun läge es an mir, ob ich stark genug sei, zu überleben.

An einem Wochenende hatte er dienstfrei. Als er wiederkam, brachte er mir einen Enzian aus den Bergen mit. Er befestigte ihn hinter meinem Bett an der Stromleiste.

„Schön, dass du noch da bist!", begrüßte er mich. „Ich habe dir etwas mitgebracht."

„Ich kann ja im Moment wohl schlecht weglaufen", erwiderte ich trocken und versuchte ein Grinsen zustande zu bringen, ließ es aber gleich wieder sein, als ich merkte, dass mein Gesicht solche Verrenkungen nicht zuließ. Was er eigentlich damit gesagt hatte, ging mir erst auf, als er das Zimmer schon wieder verlassen hatte.

Dr. Shanti wusste auch, wann es an der Zeit war, dass jemand Zuspruch oder Trost brauchte. Meine Mutter begegnete eines

Tages auf dem Gang der Psychologin, welche sich um die Angehörigen kümmerte.

„Ihnen geht es nicht gut, nicht wahr?", sprach sie meine Mutter an.

Da brach all die Traurigkeit, all die Verzweiflung, die sie vor mir unter Aufbringung einer enormen Willenskraft unterdrückte, aus ihr heraus. Die Frau nahm meine schluchzende Mutter einfach in die Arme. Dr. Shanti, der gerade den Gang entlangkam, bekam die Szene mit. Zielstrebig ging er auf mein Zimmer zu, öffnete die Tür und verschwand für einige Sekunden. Er beurteilte kurz meinen Zustand und kehrte direkt zu meiner Mutter zurück.

Er legte ihr die Hand auf die Schulter und sagte: „Ich glaube, das Schlimmste haben wir überstanden."

Ich liebte seinen trockenen Humor, wenn er mich auf seine Art auf etwas aufmerksam machte. Bei meinen ersten Gehversuchen betrachtete er mich eingehend und meinte dann, dass ich meine Modelmaße erreicht hätte und es an der Zeit wäre, wieder was auf die Rippen zu bekommen.

Vor einem weiteren Termin im OP wurde ich wieder wie eine Mumie von Kopf bis Fuß eingepackt. Ich wunderte mich, denn die letzten Tage hatte ich nur noch die Verpackung „light" verpasst bekommen. Diejenigen Stellen, die bereits am Verheilen waren und mit einer hauchdünnen, neuen Hautschicht bezogen waren, mussten nicht mehr verbunden werden.

Die werden schon wissen, was sie tun, überlegte ich. Mein Ausflug als Mumie dauerte gerade mal zwei Minuten, nämlich so lange, wie man von meinem Zimmer den Gang runter in den OP brauchte. Kaum dort angelangt, schnitt man die Verpackung, für die man immerhin den halben Morgen gebraucht hatte, wieder auf.

Nach der Behandlung meinte ich zu Dr. Shanti, dass ich nun doch noch eine Frage hätte: „Weshalb werde ich, wenn ich in den OP geschoben werde, voll eingepackt, während ich bei meinen Trainingsversuchen im Gehen auf dem Gang ohne Verkleidung als Mumie losdarf?"

Er zog die Stirn in Falten, überlegte lange und brach dann in schallendes Gelächter aus: „Da hast du auch wieder Recht. Das war wohl ziemlich blöd!"

Dr. Shanti war in seinem Fach wohl der Beste, den ich mir hätte wünschen können. Gleichzeitig gab er auch offen zu, wenn er mit seinem Latein am Ende war. Manchmal schaute er über seinen Brillenrand hinweg, grinste mich an und meinte kopfschüttelnd, wenn ich wieder irgendwelche Kapriolen schlug, die nicht ins Bild des Krankheitsverlaufes passten: „Sandra, ich habe keine Ahnung, was du jetzt wieder machst.".

Er hatte immer Zeit und ein offenes Ohr für mich. Nicht einmal habe ich erlebt, dass er verstohlen auf die Uhr geschaut hätte, weil er unter Zeitdruck stand. Und er hatte weiß Gott viel um die Ohren. Er war einfach immer für mich da, nicht nur als Arzt, sondern besonders auch als Mensch.

Als ich dann über den Berg war und sich mein Zustand stabilisierte, kam er in mein Zimmer, nahm sich einen Stuhl und setzte sich.

„Sandra, wir müssen reden. Das Gröbste hast du jetzt überstanden. Jetzt geht es um den weiteren Heilungsverlauf. Du musst damit rechnen, dass du gerade an den sichtbaren Stellen wie Hals und Gesicht Narben bekommst. Hier waren die Verletzungen am tiefsten. Wir sind aber heute auf einem guten medizinischen Stand. Mit der plastischen Chirurgie können wir viel erreichen. Das Ganze braucht einfach Zeit und viel Geduld."

Ich verstand sehr wohl, was er mir schonend beibringen wollte, doch aus tiefster Überzeugung meinte ich zu ihm: „Das wird nicht nötig sein. Ich bekomme keine Narben!"

Verdutzt schaute er mich an, atmete tief ein und wollte vermutlich gleich zur Widerrede ansetzen, überlegte es sich dann aber anders und stieß die Luft mit einem Seufzer aus.

„Du hast mich schon einmal überrascht. Normalerweise ist mit einer Narbenbildung zu rechnen. Wir werden sehen."

Im Nachhinein ist es schön, sagen zu können, dass er sich geirrt hat und keiner freute sich mehr als er, wenn wir mal von mir absehen, über diesen Irrtum. Ich musste mich nie einer plastischen Operation unterziehen. Ich habe im Großen und Ganzen keine Narben davongetragen. Nur ein paar kleine rund ums Kinn und an der Nasenwurzel.

Dass dies fast schon einem Wunder gleichkommt, wurde mir erst so richtig bewusst, als ich später einmal einen Arzt aus Boston traf. Er war in Sachen „Lyell-Syndrom" ein ausgesprochener Experte und hatte schon viele Patienten behandelt. Er weilte gerade als Gastreferent in der Schweiz, hatte von mir gehört und wollte mich unbedingt sehen. Als ich ins Behandlungszimmer trat, fiel ihm die Kinnlade runter und seine Augen weiteten sich ungläubig und füllten sich mit Tränen.

„That's incredible, that's incredible!", wiederholte er immer wieder, während er mich umkreiste. Er hatte im Vorfeld Fotos von mir gesehen, die in meiner schwierigsten Phase aufgenommen worden waren. Er konnte kaum glauben, dass ich dieselbe Person wie die auf den Bildern sein sollte. Er erklärte mir, dass er Patienten gehabt hätte, die weitaus weniger stark betroffen gewesen, heute aber durch ihre Narben stark entstellt seien. Einige davon wünschten sich sogar, sie wären gestorben.

Dr. Shanti hatte keine Probleme damit, Fehler einzugestehen und dazu zu stehen. Als ich nach meinem Spitalaufenthalt in eine Depression abstürzte, machte er sich selbst Vorwürfe. „Normalerweise schicken wir jemanden sofort in eine begleitende Psychotherapie. Bei dir habe ich gedacht, du brauchst das nicht. Du warst die ganze Zeit so stark und hattest so ein gutes Umfeld, das dich trug. Ich habe mich geirrt. Das tut mir sehr leid."

Dr. Shanti konnte auch unkonventionelle Entscheidungen treffen. Eigentlich hätte ich nach der Intensivstation auf die reguläre Abteilung verlegt werden müssen. Da ich aber derart abgenommen hatte, hielt er es für das Beste, wenn ich nach Hause könnte. Ich würde dort wohl am schnellsten wieder zu Kräften kommen.

„Trauen Sie sich das zu?", fragte er meine Mutter direkt.

Jahre später schickte ich Dr. Shanti eine Einladung zu meiner Hochzeit. Er rief mich an: „Hallo Sandra, hier ist Dr. Shanti."

Es wäre gar nicht notwendig gewesen, seinen Namen zu nennen, ich hatte ihn schon beim ersten Wort erkannt. Er bedankte sich herzlich für die Einladung, aber er würde nicht kommen. Er sei schon mal auf einer Hochzeit eines ehemaligen Patienten gewesen und das sei ihm eher unangenehm gewesen.

„Ich bin dort als großer Held gefeiert geworden. Das ist euer Tag, an dem ihr im Mittelpunkt stehen sollt."

Ich bedauerte seinen Entscheid, konnte ihn aber durchaus verstehen. Auch wenn er nicht gern als solcher bezeichnet wurde, Dr. Shanti war und wird immer mein Held bleiben. Herr Dr. Shanti, es war mir eine Ehre, Sie kennengelernt zu haben!

10
Wozu sind eigentlich Fingernägel da?

Haben Sie sich schon einmal überlegt, wozu eigentlich Fingernägel da sind?

Na klar, zum Anmalen in allen Farben! Nein, Spaß beiseite. Manchmal werden wir uns der Wichtigkeit von etwas erst bewusst, wenn wir es verloren haben. Mir ging es auf jeden Fall mit meinen Nägeln so. Dass ich sie verlieren würde, hatte ich ja schon von Dr. Ritter netterweise erfahren.

Kaum war ich wieder in der Lage, meine Augen zu öffnen, nahm ich meinen Körper genauer in Augenschein. Mein Blick wanderte runter an meinem einbandagierten Körper, vorbei an meinen spitz hervortretenden Beckenknochen runter zu meinen Füßen, wo er hängenblieb.

„Huch", dachte ich, „da haben sich meine Fußnägel verselbstständigt." Einige hatten sich bereits ohne mein Wissen verabschiedet. Andere standen, immer noch lackiert, in grotesker Weise in alle Richtungen. Die meisten hingen nur noch an einem Zipfelchen, brachten es aber nicht fertig, sich endgültig von mir zu verabschieden. Irgendwie betrachtete ich diesen kümmerlichen Zustand meiner Fußnägel teilnahmslos, sogar emotionslos. Meine Füße schienen mir so weit weg. Außerdem sah es nicht so aus, als müsste ich gleich in Schuhe schlüpfen und losmarschieren. Also alles halb so wild.

Um meine Fingernägel machte ich mir dann schon mehr Sorgen. Ruckartig richtete sich mein Blick auf die Finger. Die Blasen hatten sich auch unter den Fingernägeln gebildet und diese emporgehoben, so, als würde man mit einem Brecheisen eine Tür aus ihren Angeln stemmen. Die Nägel lagen nicht mehr am Nagelbett an, sondern standen zum Teil senkrecht in die Höhe. Gelblich hingen sie noch in ihren Wurzeln, wie etwas, das nicht mehr zu mir gehörte, aber noch festgehalten wird. Ich berührte sie sachte und schluckte leer, als mich der Schmerz durchfuhr. Ich musste meine Hände immer vorsichtig bewegen, immer auf der Hut sein, dass ich nirgends anstieß oder hängenblieb. Ansonsten wurde meine Unvorsichtigkeit mit einem elektrisierenden Schmerz quittiert. Ich bat die Krankenschwestern, mir die Nägel zu entfernen. Obwohl sie bestimmt schon eine Menge auf der Intensivstation gesehen hatten und reichlich abgehärtet waren, brachte es keine übers Herz, sie mir rauszuziehen.

„Sorry, das kann ich nicht", bekam ich mit einem Schütteln des ganzen Körpers begleitet zur Antwort, „wenn ich nur schon daran denke, friert es mich!"

Ich musste wohl selbst Hand anlegen. Ich ließ mir eine Pinzette bringen, setzte sie an, schloss die Augen und holte tief Luft, bevor ich zog. Wie ein Stromschlag durchfuhr es meine Fingerkuppe. Gleichzeitig musste ich gegen den aufkommenden Brechreiz ankämpfen. Geschafft! Er war draußen.

So verlor ich innerhalb weniger Tage meine Krallen. Einer aber, der kleine Fingernagel an meiner rechten Hand, blieb mir lange treu.

Der Tag kam, dass ich wieder feste Nahrung zu mir nehmen konnte. Eines Morgens wurde mir ein richtiges Frühstück im Bett serviert, ein Croissant mit Konfitüre. Es duftete so herrlich, dass mir das Wasser im Mund zusammenlief. Ich freute mich wie eine Schneekönigin, endlich mal wieder etwas Festes zwischen die Beißerchen zu bekommen. Jetzt nur noch schnell das Aludöschen mit der Aprikosenkonfitüre aufmachen und los konnte es gehen.

Ich fummelte an dem Ding herum und traute meinen Augen nicht. Dort, wo ich die Nägel verloren hatte, bog sich meine Fingerkuppe einfach wie Gummi nach oben. Ich schaute diesem Schauspiel eine Weile lang fasziniert zu. Durch den fehlenden Gegendruck des Fingernagels waren die Fingerkuppen nun auch nach oben butterweich. Es war unmöglich, nur den kleinsten Druck auszuüben, geschweige denn, diese blöde Verpackung aufzubringen. Das durfte doch nicht wahr sein! Mein erstes richtiges Frühstück und dann so was. Ich probiere es sage und schreibe eine halbe Stunde lang und gab dann entnervt auf. Dann eben ohne. Genüsslich schob ich mir das Croissant Stück um Stück in den Mund, genoss den wunderbar buttrigen Geschmack. Das beste Croissant, das ich je gegessen hatte.

Die Schwester kam, um abzuräumen. Sie schaute auf die noch verschlossene Konfitüre.

„Magst du die nicht?"

„Doch, schon, ist sogar meine Lieblingssorte. Aber ich krieg sie nicht auf." Und dann demonstrierte ich ihr meine Gummifinger. Sie war mehr entsetzt als beeindruckt.

Später vermisste ich meine Fingernägel ganz arg. Die neue Haut juckte fürchterlich und ich hätte so gern was zum Kratzen gehabt. Insofern hatte es die Krankheit clever eingerichtet, dass man die Nägel verlor. Ich hätte mir wohl die neue Haut gleich wieder vom Leib gekratzt. Den kleinen Nagel, der mir noch geblieben war, hütete ich deshalb wie meinen Augapfel. Zum Schluss habe ich ihn sogar noch mit Klebeband festgehalten, damit ich manchmal doch etwas kratzen konnte.

Später wuchsen die neuen Nägel langsam wieder nach und bahnten sich den Weg durch das furchige Nagelbett. Eine Dame an der Kasse, die selbst auf Hochglanz polierte, lange Nägel hatte, meinte mal vorwurfsvoll zu mir: „Sie sollten aufhören, an den Fingernägeln zu kauen, das sieht nicht schön aus!"

Wenn ich gekonnt hätte, dann hätte ich meine Krallen ausgefahren und ihr sprichwörtlich die Augen ausgekratzt. So aber versteckte ich die Hände beschämt in den Hosentaschen.

11
Ich hab die Haare schön

Ich bin der Typ Frau, die am Morgen aufsteht, in den Spiegel schaut und aus einer Laune heraus beschließt, die langen Haare zündholzkurz abzuschneiden. Allerdings muss der Friseur am gleichen Tag noch einen Termin haben, denn sonst überlege ich es mir noch mal anders. Abgeschnitten finde ich meinen neuen Look für einige Tage mega, so praktisch, so pfiffig. Kurze Zeit später trauere ich jedoch den langen Haaren hinterher, weil es doch so viel einfacher ist, sie an den Tagen, an denen sie nicht so wollen, wie ich will, zusammenzubinden. Und auch der praktischen Seite kann ich so gar nichts mehr abgewinnen, denn ich bin nachts eine richtige Wühlmaus, sodass meine Haare am Morgen immer wie ein Ast stehen und sie sich auch mit noch so viel Liebe und Wasser nicht am Kopf anschmiegen wollen. Also wieder wachsen lassen. Was beim Friseur in Sekundenschnelle zu Boden fiel, braucht nun wieder gefühlte Jahrzehnte, bis es über die kritische Zwischenlänge herausgewachsen ist.

Damals hatte ich so eine richtige Wallemähne, so lang hatte ich sie seit meiner Kindheit nicht mehr gehabt. Schon auf der Dermatologie fiel diese Haarpracht dem Attentat meiner Freundin Nadia, die Coiffeuse ist, zum Opfer. Ich war so beschäftigt mit Nase spülen, Augenstäbchen und in die Flasche pinkeln, dass ich mich nicht auch noch um meine Frisur kümmern konnte. Mit dem Resultat, dass sich meine Haare zu einem einzigen Filzknäuel am Hinterkopf versammelt hatten.

„Die müssen ein Stück ab", meinte Nadia, fackelte nicht lange und verpasste mir einen Bob.

So weit, so gut, etwas traurig war ich schon darüber. Dann verlor ich die Entwicklung meiner Haare etwas aus den Augen. Ich weiß nicht, wie lange mir der Luxus einer Haarwäsche nicht vergönnt war. Ewig, so schien es mir zumindest. Ich sehnte mich danach. Meine Kopfhaut fühlte sich unter dem Mix aus Cremes nicht mehr gerade taufrisch an. Auch meine Ohren schienen unter einer dicken Pappe eingekleistert zu sein. Ich fragte mich immer, warum mir, entschuldigen Sie den Ausdruck, diese Schweine die Ohren nicht wuschen. Als ich meine Mutter später einmal darauf ansprach, sagte sie mir, dass das keine Salbe, sondern eine dicke Blutkruste gewesen sei.

Egal, heute war der Tag, an dem mir der Kopf gewaschen wurde. Ich hatte ja jeden Tag eine Person zugeteilt bekommen, die sich den ganzen Tag um mich kümmerte. Heute waren mir sogar zwei junge Männer zugeteilt worden, die sich als Figaros betätigen durften. Zugegeben, es ist vielleicht nicht ganz leicht, jemandem im Bett die Haare zu waschen, aber das, was ich so mitbekam, war absolut filmreif und hätte jeden Dauerbrenner von Sketch vom Thron gestoßen. Manchmal lachten sich die beiden fast kaputt, wenn etwas nicht so klappte, wie sie sich das vorstellten. Der Boden war nachher total überschwemmt. Sie gaben sich echt Mühe, fragten sogar, ob ich einen Seiten- oder Mittelscheitel wolle, bevor sie mit dem letzten Akt, dem Föhnen, begannen. Nach getaner Arbeit beäugten sie ihr Kunstwerk kritisch und nickten dann anerkennend. Ich fühlte mich wie frisch geboren, so richtig sauber. Ich strahlte vor Glück und dann hab ich doch allen Ernstes zu ihnen gesagt: „Jetzt seht ihr endlich mal, dass ich eigentlich ganz schön bin!" Sie schauten mich etwas sonderbar an, so als wären sie peinlich berührt. Dass ich mich gerade zum Affen gemacht hatte, war mir nicht bewusst, denn ich fühlte mich von innen heraus einfach schön.

Am nächsten Tag verlangte ich nach einer Haarbürste, um mich zu kämmen. Ich wollte nicht, dass sich meine Haare wieder verfilzten. Beim Kämmen lösten sich ganze Haarbüschel. Entsetzt blickte ich auf das riesige Haarknäuel, das vor mir auf dem Bett lag. Innerlich versuchte ich mich zu beruhigen, indem ich mir einredete, dass das ganz normal sei, wenn man sich so lange nicht richtig gekämmt hatte. Tatsächlich normalisierte sich die Lage auch wieder.

Irgendwann später, nachdem ich schon seit Wochen aus dem Spital entlassen worden war, begann die große Mauser. Innerhalb von wenigen Tagen verlor ich schlagartig meine Haare. Die Spätfolgen der Chemotherapie machten sich bemerkbar. Wenn ich mit der Hand in die Haare fuhr, lösten sie sich in dicken Büscheln. Es bildeten sich untertellergroße, kreisrunde kahle Stellen. Daneben hingen die noch verbleibenden Haare wie Fäden herunter. Ich sah wie eine Vogelscheuche aus. Das Schlimmste daran war, dass mich die verlorenen Haare auf Schritt und Tritt verfolgten. Überall lagen sie herum, verstopften sämtliche Abflussrohre. Es war zum Heulen. Auf Anraten von Dr. Shanti setzte ich mich mit der Onkologie in Verbindung.

„Sie werden sie alle verlieren", erklärte man mir dort. „Rasieren Sie sie ab, dann ist es weniger schlimm."

Ich vereinbarte am gleichen Tag einen Termin beim Friseur, mit dem Unterschied, dass ich dieses Mal nicht eine freche Kurzhaarfrisur, sondern eine Kahlrasur wollte. Als meine Freundin Nadia den Rasierer ansetzte, zögerte sie einen Moment.

„Meinst du wirklich?", versicherte sie sich noch einmal.

„Weg damit!", wies ich sie bestimmt an.

Mit Tränen in den Augen schor sie mir Bahn um Bahn den Kopf kahl.

„Du hast eine schöne Kopfform", meinte sie aufmunternd. „Das können nicht alle tragen."

Als ich aus dem Salon auf die Straße trat, fror ich am ganzen Kopf, obwohl es eigentlich Sommer war. Ich hatte das Gefühl, dass mich alle anstarrten. Irgendwie hatte man mir mit meinen Haaren das letzte Stück Weiblichkeit weggenommen. Ich tat mich ja so schon schwer, unter Leute zu gehen. Mit der Glatze wurde es noch unangenehmer. Ich fühlte mich so schutzlos. Eine Perücke musste her.

Ich musste feststellen, dass die Dinger ihren Preis haben. Die Krankenkasse übernahm die Kosten nicht. Wir mussten bei der Invaliditätsversicherung einen Antrag stellen, dem erst stattgegeben wurde, wenn ich eine Bestätigung vom Arzt hatte, dass mir die Haare voraussichtlich länger als ein Jahr fehlen würden. Darunter sei es zumutbar, glatzköpfig durch die Welt zu gehen. Zum Glück stellte mir der Arzt der Onkologie ohne große Anstalten diese Bestätigung aus.

Eine Kurzhaarfrisur sollte es sein, beschloss ich. Schnell war die neue, künstliche Haarpracht ausgesucht. Ich war total happy mit meinem neuen Fluffie, wie ich meine Perücke von nun an nannte. Das Ganze wurde mit Klebepunkten, die man an die Kopfhaut klebt, festgehalten. Da rutscht nichts mehr. Etwas mulmig zumute war mir schon, als ich mich damit zum ersten Mal öffentlich zeigte. Die Leute zeigten keine Reaktionen und ich konnte mich zunehmend entspannen.

So ein Fluffie hat durchaus seine praktischen Seiten. Abends hängt man ihn auf einen speziellen Ständer und am Morgen zieht man ihn einfach wie eine Mütze wieder an. Ruckizucki und schon ist man fertig frisiert. Auch wenn Fluffie ab und zu gewaschen werden muss, ist das keine große Sache. Ein paar Tropfen Spezialshampoo ins Waschbecken, Fluffie dazu, ein paar Mal durchschwenken und ausspülen. Dann kurz im Handtuch ausdrücken, rauf auf den Kopf und perfekt sitzt die Frisur.

So eine Perücke ist aber nur was Tolles, solange man selbst noch keine Haare hat. Sobald die eigenen Haare nachsprießen, piksen die kleinen Härchen unter dem Ding und es beginnt zu jucken. Meine Haare waren gerade ein paar Millimeter lang, als ich Fluffie in eine Kartonschachtel verbannte.

Nun galt es, das nächste Problem zu lösen. Meine Haare waren nicht, wie erwartet, in meiner natürlichen Haarfarbe nachgewachsen. Sie waren schneeweiß. Nicht nur meine Haare auf dem Kopf, sondern auch sämtliche Körperbehaarung, inklusive Augenbrauen und Wimpern. Dasselbe galt auch für meine Haut. Ich hatte sämtliche Pigmentierung verloren und war deshalb weiß wie ein Albino. Vermutlich hatte die Chemotherapie die Pigmentierung zerstört, so genau weiß man das nicht.

Nadias Dienste als Coiffeuse waren wieder einmal gefragt, denn mit 24 Jahren wollte ich noch nicht wie eine Oma rumlaufen. Der Schritt von Weiß zu Braun, meinem natürlichen Haarton, erschien mir jedoch zu groß. Wir entschieden uns für ein helles Blond. Nadia mischte den Farbtopf an und kurze Zeit später schaute mich eine Version aus Albino und Brigitte Nielsen aus dem Spiegel an. Etwas gewöhnungsbedürftig, aber warum nicht mal was Neues.

Dann stand ich eines Abends zu später Stunde vor dem Badezimmerspiegel und putzte mir die Zähne. Da, da war doch ein dunkles Haar! Ich rückte so nah an den Spiegel, dass sich mir fast die Nase platt drückte. Eindeutig! Da zeigten sich doch tatsächlich einige Haare oberhalb der Stirn mit dunklem Ansatz. Ich stieß einen gellenden Freudeschrei aus und trabte durch die ganze Wohnung. Obwohl es schon halb zwölf war, musste ich die tolle Nachricht meiner Mutter verkünden.

Ich rief sie an. Sie meldete sich schlaftrunken. Meine Stimme überschlug sich, ich konnte gar nicht so schnell reden, wie ich wollte. Meine Mutter freute sich mit mir, versuchte mich allerdings in meiner Euphorie etwas zu bremsen. Schließlich waren es ja nur ein paar Haare, die dunkel waren. Genau genommen waren es genau vier, wie ich mit einem späteren, nochmaligen Blick in den Spiegel ernüchtert feststellen musste. Aber immerhin ein Anfang.

Von da an wurden die dunklen zwar mehr, vermochten aber die weißen nie mehr zu verdrängen. Dennoch, die Tage des „Platinblond" waren gezählt. Ich hatte mich mit dem hellen Blond eh nie so richtig anfreunden können. Es passte einfach nicht zu mir und ließ meine weiße Haut noch heller leuchten. Einen Hauch dunkler sollte es sein. Nadia hatte gerade keinen Termin mehr frei und gab mir die Tuben und Pinsel mit der entsprechenden Anleitung nach Hause mit. Als ich die Farbe nach der angegebenen Einwirkzeit runterspülte und ich in den Spiegel schaute, traf mich fast der Schlag. Für diese Farbe auf meinem Kopf fand ich gar keinen Ausdruck. Am ehesten trifft es wohl die Bezeichnung „verpisstes Straßenköterbraun". So konnte ich auf keinen Fall unter die Leute.

Ausgerechnet heute war ich auswärts zum Essen eingeladen. Entweder ich täuschte eine Migräne vor oder aber ich ließ mir ganz schnell was anderes einfallen. Ich kramte im Badezimmerschrank und fand noch eine angebrochene Haarfärbetube von meiner Mutter. Dunkelbraun. Na ja, schlimmer kann es ja nicht werden, dachte ich und färbte mir die Haare zum zweiten Mal an diesem Tag. Der Straßenköter wurde von einem hell- und dunkelbraun gescheckten Meerschweinchen abgelöst.

Einen Preis würde die Haarfarbe nicht bekommen, aber für den heutigen Abend musste es reichen. Nadia könnte dann morgen Schadensbegrenzung betreiben. Auf jeden Fall war das das Ende meiner Brigitte-Nielsen-Ära. Seither halte ich es mit den Brauntönen, das steht mir besser.

Meine Tochter hat mich neulich beim Haare färben beobachtet und gefragt, was ich denn eigentlich für eine Haarfarbe hätte. Ich überlegte lange, so genau wusste ich es gar nicht mehr. Ich glaube, wenn meine Haare natürlich ergraut wären, hätte ich sie mir gar nicht gefärbt. Damals von einem Tag auf den anderen weiß zu werden, das wollte ich nicht. Irgendwann werde ich mir den Luxus gönnen, die Haare nicht mehr zu färben.

12
Auf dem aufsteigenden Ast

Das gesamte Team auf der Intensivstation war einfach toll. Ich habe selten Menschen erlebt, die ihren Beruf mit so viel Hingabe und Engagement ausgeübt haben wie dort. Besonders ans Herz gewachsen ist mir eine Schwester, die fast eine Woche lang ununterbrochen bei mir eingeteilt war. Schwester Katharina. Als sie das erste Mal mit lautem Gepolter, den Karren vollgepackt mit Salben, Verbandsmaterial und steriler Kleidung, hereinkam, brummelte sie irgendetwas vor sich hin.

„Oh je", dachte ich, „da hat wohl jemand schlechte Laune."

Ich sollte sie aber bald von ihrer liebenswürdigen Seite kennenlernen. Katharina war eine eher klein gewachsene, korpulente Frau mit einem kreisrunden Gesicht, in dem die roten Backen leuchteten. Sie war immer für ein Späßchen zu haben und blinzelte mir mit ihren lustigen Augen schalkhaft zu. Auf mich wirkte sie wie der Prototyp einer italienischen Mama, nur dass ihre blonden Haare so gar nicht ins Bild des südländischen Typs passten. Ihr Lachen, bei dem ihr ganzer Körper wie von einem Erdbeben erschüttert bebte, hatte eine ansteckende Wirkung, der man sich nicht entziehen konnte.

Sie konnte so herrlich fluchen, wenn ihr wieder mal ein Patzer unterlaufen war. Die „Kleiderordnung" bei der Behandlung von Verbrennungspatienten war sehr kompliziert. Abgesehen davon, dass alles absolut steril war, gab es strikte Regeln. Wenn die Schwestern mir etwas reichten, meinen Vanille-Drink zum Beispiel, so durfte dieser nicht in derselben Kleidung zurückgenommen werden. Dazu musste zuerst die ganze Montur gewechselt werden, inklusive Mundschutz, Haube, Handschuhe, einfach alles. Da kam es schon mal vor, dass sie reflexartig nach dem Trinkhalm griff, der vor mir auf die Bettdecke fiel. Brummelnd hat sie sich dann aus allem herausgeschält und sich wieder umgezogen. Warum das so ist, habe ich selbst nie rausgefunden. Habe auch nie danach gefragt, es war einfach so.

Auch meine Eltern durften, obwohl sie durch die Schleuse gehen mussten und in sterile Kleidung gesteckt wurden, nicht an mein Bett rankommen. Mich zu berühren, war absolutes Tabu.

Katharina konnte ganz schön penetrant sein. Immer wieder baute sie sich neben meinem Bett auf, mit einem Notizbuch bewaffnet, und rechnete mir vor, wie viele Kalorien und vor allem wie viel Eiweiß ich heute schon intus hatte. Sie trieb mich wie eine Sklaventreiberin an, meine Proteinbomben zu trinken. Unerbittlich blieb sie neben meinem Bett stehen und wartete, bis der letzte Schluck unten war, um dann kurz zu verschwinden, wieder aufzutauchen und mir den nächsten Drink zu kredenzen.

„So, dann wollen wir noch einmal. Ich würde dir ja gerne ein paar Pfund von mir rüberschieben, aber das geht leider nicht", munterte sie mich auf und quittierte jeden Schluck mit einem freudigen Kopfnicken. Sie verwöhnte mich auch immer mit kleinen Leckereien. An einem Abend wollte sie mir etwas besonders Gutes tun. Mittlerweile konnte ich in einen Sessel, den man mir neben mein Bett gestellt hatte, gehoben werden. Selbst schaffte ich das noch nicht. Das Sitzen im Sessel war zwar mörderisch anstrengend, jeder einzelne Muskel tat mir weh, ich genoss es aber, mal raus aus dem Bett zu kommen.

Katharina kam mit meinem letzten Drink für heute rein. Mein Schlummertrunk, wie sie meinte. Sie hatte sich besonders viel Mühe gegeben und mir ein bisschen Banane reingemixt und das Ganze mit einem Cocktailschirmchen dekoriert. In kleinen Schlückchen fing ich an zu trinken. Es schmeckte echt gut. Ich wunderte mich schon, was sie da so alles reingetan hatte, als mir plötzlich schwindlig wurde. Meine Füße wurden auf einmal bleischwer und der ganze Körper kribbelte angenehm warm. Alles begann sich zu drehen. Ich hatte Mühe, mich noch aufrecht zu halten und war heilfroh, als Katharina kam, um mich rüber zu hieven.

„Mensch, Katharina! Was hast du da bloß reingetan?", lallte ich, als sie vor mir stand. Ich hatte meine Zunge kaum noch unter Kontrolle. Ich hatte doch tatsächlich einen sitzen, ich war hackedicht.

„Och, nur ein Schlückchen Rum. Aber wirklich nur ein klitzekleines. Ich dachte mir, ich pepp das Ganze mal ein bisschen auf. Das Zeug muss dir ja schon zum Hals raushängen."

Es dauerte ganz schön lange, bis sie mich wieder im Bett hatte. Ich war nicht in der Lage, ihr zu helfen. Wie ein nasser Sack hing ich zwischen ihren kräftigen Armen. Dafür habe ich nachher wie ein Baby geschlafen, so herrlich wie schon lange nicht mehr.

Das lange Liegen birgt so seine Tücken. Während man, wenn man mal für kleine Mädchen muss, normalerweise schnell zur Toilette geht, gestaltet sich das im Bett schon schwieriger. Das Wasserlassen im Bett ist an sich schon schwierig, steigert sich aber fast schon zum akrobatischen Akt, wenn es sich um ein Luftkissenbett handelt. Austrittswinkel und Einfallswinkel müssen exakt stimmen. Stimmen sie nicht, so schießt man entweder übers Ziel hinaus oder aber die Flüssigkeit wandert auf ominöse Art und Weise den Rücken hoch. Beide Male mit dem unerwünschten Resultat, dass die Goretex-Bespannung gewechselt werden muss. Mit der Zeit hatte ich den Dreh raus.

Das lange Liegen bringt auch mit sich, dass sich die Verdauung extrem verlangsamt. Irgendwann begann es in meinen Därmen zu rumpeln und zu ziehen. Ich erinnerte mich so dunkel daran, dass es da noch andere Formen der Ausscheidung beim menschlichen Körper gab. Brav brachte mir Katharina die Pfanne und machte sich rücksichtsvoll aus dem Staub. Aus Erfahrung wusste sie wohl, dass es etwas länger dauern würde. Die nächste halbe Stunde litt ich Höllenqualen. Ich hatte das Gefühl, dass es mir sämtliche Eingeweide zerriss. So müssen wohl Geburtsschmerzen sein, fuhr es mir durch den Kopf. Das, was da rauswollte, musste so groß wie ein Straußenei sein, ach, was sage ich, so groß wie ein Dinosaurierei. Auf jeden Fall glaubte ich, dass es mir mein ganzes Hinterteil wieder zerriss. Als ich dann einen verstohlenen Blick in die hervorgezogene Pfanne warf, musste ich zu meiner Ernüchterung feststellen, dass ein Ziegenköttel im Vergleich dazu riesig war. Das konnte doch nicht wahr sein. So ein Krampf für nix und wieder nix. Mir graute vor dem Tag, an dem meine Verdauung wieder so richtig in Schwung kommen sollte.

Später hatte Katharina einmal mehr eine Überraschung auf Lager. Strahlend rollte sie einen WC-Stuhl, den ich vor einigen Wochen auf der Dermatologie noch mit Todesverachtung bedacht hatte, rein. Obwohl er mich immer noch an einen elektrischen Stuhl erinnerte, hatte sich meine Einstellung ihm gegenüber erstaunlich geändert. Auf einmal erschien es mir das höchste der Gefühle, auf diesen Stuhl zu kommen, um nicht mehr im Bett mein Geschäft verrichten zu müssen. Katharina wusste wohl über die Attraktivität dieses Stuhls Bescheid und spornte mich so an, täglich mobiler zu werden, um ans Ziel, in diesem Fall auf den Stuhl, zu gelangen. Kaum hatte ich mein Ziel erreicht, stellte sie den Stuhl jeden Tag ein bisschen weiter weg. Katharina brachte mir einen Fernseher, so ein Riesending aus der Steinzeit. Aber er erfüllte seinen Zweck. Sie deckte mich auch mit Zeitschriften und Büchern ein und meinte, dass es an der Zeit sei, meine grauen Zellen auf Vordermann zu bringen. Beim Lesen mag es noch nachvollziehbar sein, dass das Gehirn aktiviert wird. Beim Fernsehschauen erscheint dies wohl weniger plausibel, vor allem, wenn man bedenkt, was den ganzen Tag für Schrott läuft. Aber eigentlich war es egal, was ich sah. Ich konnte mich an gar nichts erinnern, ich hatte nicht den geringsten Schimmer, was ich mir ein paar Minuten vorher angeschaut hatte. Irgendwie schien sich in dieser Zeit mein Gehirn aufgelöst zu haben.

Ich weiß nicht, woran das lag, vielleicht auch an den Medikamenten, die ich verabreicht bekam. Auf jeden Fall war ich höchst beunruhigt über diese Tatsache und fragte Dr. Shanti, ob man bei einem Lyell-Syndrom verblödet. Er beruhigte mich und meinte, dass das normal sei und sich auch wieder lege.

Was beim Fernsehschauen schon schwierig war, gelang mir beim Lesen schon gar nicht. Ich bin sonst so eine richtige Leseratte. Nun aber brachte ich es nicht über eine Seite hinaus. Dann war ich völlig erschöpft. An das Gelesene konnte ich mich schon gar nicht erinnern. In der ganzen Zeit meines Spitalaufenthaltes brachte ich es auf stolze drei Seiten.

Bevor es ans Laufen ging, musste ich zuerst wieder mobilisiert werden. Aus diesem Grunde verstellte man mein Hightech-Bett, indem man es jeden Tag für kurze Zeit etwas steiler stellte. Zentimeter um Zentimeter. Der Kreislauf musste zuerst wieder ganz langsam an die vertikale Lage gewöhnt werden. Dann folgte das Training mit der Physiotherapeutin. Meine Muskeln waren in sich zusammengeschrumpft und mussten wieder aufgebaut werden. Beinheben, mal links, mal rechts, musste für den Anfang reichen. Ich trainierte wie Rocky Balboa.

Dann war es so weit: Ich durfte auf den Gang, meine ersten Schritte versuchen. Gespannt und neugierig versammelte sich das halbe Team, um diesem Großereignis beizuwohnen. Vorsichtig setzte ich zum ersten Schritt an, dann zum zweiten. Ich konnte ja schon seit meinem ersten Lebensjahr laufen, eine nicht von der Hand zu weisende, langjährige Erfahrung. Das sollte doch wohl keine große Sache sein. Weit gefehlt! Ich hatte meine ellenlangen Zahnstocherbeine überhaupt nicht unter Kontrolle. Jedes Mal, wenn ich mein Bein hob, zog ich das Knie hüfthoch empor. Ich bewegte mich wie ein wackliger Storch im Salat. Die Leute um mich rum lachten sich krumm und waren bald tränenüberströmt. Ich fand es gar nicht lustig. Ich gab mir doch solche Mühe. Auf einmal fingen alle an, mich nachzumachen. Eine Horde irr gewordener Störche, in deren Gegacker ich nun auch herzhaft einstimmte.

Es dauerte Tage, meinen Laufstil ökonomischer zu gestalten. Besonders schwirig waren die Kurven. Ich musste mich extrem konzentrieren, um nicht aus der Spur zu kommen. Ein stiller Beobachter hätte wohl vermutet, dass ich zu tief ins Glas geschaut hätte. Bald schon durfte ich alleine auf den Gang raus und üben. Ich war stolz wie Oskar und fühlte mich frei wie ein Vogel, während ich den Gang entlangstakste. Das war auch das erste Mal, dass ich am Zimmer meines Nachbarn vorbeikam. Verstohlen warf ich einen Blick durch die Glasscheibe.

Da lag er, einer der beiden Männer, mit denen ich so oft Kontakt aufgenommen hatte. Unter Schläuchen versteckt und von einem ganzen Maschinentross umringt, konnte ich kaum etwas von ihm erkennen. Es war für mich sehr befremdend, ihn zum ersten Mal zu sehen und zu realisieren, dass ich nun, da ich ihn vor mir hatte, so gar keinen Kontakt zu ihm herstellen konnte, während ich ihm zuvor so nahe gewesen war. Dieser

Mensch, der von den Maschinen kontrolliert und am Leben gehalten wurde, hatte so gar nichts gemeinsam mit der wundervollen Seele, mit der ich in Kontakt getreten war. In dem Moment wurde mir bewusst, dass der Körper lediglich eine vergängliche Hülle ist, die uns durch unser Leben trägt. Der wahre Schatz darin ist die unsterbliche, göttliche Seele.

Ich schaute an mir runter und realisierte, wie wenig mir von meinem einstigen Körper geblieben war. Und dennoch spürte ich meine innere Stärke. Jeden Tag lernte ich ein bisschen mehr von meinem wahren Selbst kennen, rückte ein Stück näher zu mir.

Auf dem Rückweg stieß ich auf etwas, das ich verloren hatte. Da lag die Binde, die man mir zwischen die Beine geklemmt hatte, und wartete stumm auf mich. Normalerweise wäre mir das wohl peinlich gewesen, so aber lachte ich und hätte mir fast in die Hosen gemacht, wenn ich welche angehabt hätte.

An einem der nächsten Tage bekam ich unerwarteten Besuch. Ich durfte lediglich von drei Personen besucht werden, die am Anfang bestimmt werden mussten. Heute besuchte mich eine Frau, die ich einige Jahre nicht mehr gesehen hatte. Ich staunte nicht schlecht, als Madame Picard, meine ehemalige Französischlehrerin, vor mir stand. Sie hatte inzwischen ihren Job als Lehrerin an den Nagel gehängt und arbeitete nun als Sekretärin für Dr. Shanti. Ich freute mich wie Bolle, mal ein anderes Gesicht zu sehen oder zumindest das, was über dem Mundschutz zu sehen war. Sie erklärte mir, dass Dr. Shanti ihr von mir erzählt habe und als sie meinen Namen hörte, habe sie sofort an ihre ehemalige Schülerin denken müssen. Sie hätte aber erst warten müssen, bis es mir besser ging.

Ich kann mich nicht mehr daran erinnern, worüber wir gesprochen haben. Viel war es nicht. Frau Picard war zu sehr mit meinem veränderten Aussehen beschäftigt. Ich freute mich aber innerlich so sehr für sie, dass sie für Dr. Shanti arbeiten durfte. Ich hatte sie schon immer gemocht und sie tat mir damals als Lehrerin sehr leid, wenn sie von einigen Schülern auseinandergenommen wurde. Als scheue und zurückhaltende Person hatte sie Mühe, sich gegenüber den revolutionären Pubertierenden zu behaupten. Nach ihrer Vorgängerin, Frau Zimmerli, die wohl attraktivste und toughste Lehrerin des ganzen Schulhauses, hatte sie einen besonders schweren Stand. Sie war das pure Gegenteil von ihr. In ihren Faltröcken und Rüschenblusen war sie so ganz das Mauerblümchen. Ganz schüchtern schlich sie manchmal unbemerkt ins Klassenzimmer, legte vorsichtig ihre Sachen aufs Pult und blinzelte aus ihren immer geröteten, gereizten Augen.

Ich habe mich immer gefragt, weshalb sie sich jeden Tag mit ihren Kontaktlinsen abmühte. Als sie eines Tages tatsächlich mit einer Brille auftauchte, wusste ich, warum. Ihre Brillengläser waren so dick wie Bodengläser und ließen ihre Augen winzig klein erscheinen. Sie war blind wie ein Maulwurf. Mit ihrer Brille schien sie noch unsicherer zu sein. Verloren stand sie vor der Klasse und hoffte auf unsere Aufmerksamkeit. Mir tat sie immer leid und ich hätte mir gewünscht, dass sie mit der Faust auf den Tisch geschlagen hätte, um sich die gebührende Aufmerksamkeit zu holen. Meine hatte sie zumindest ungeteilt. Schließlich unterrichtete sie meine Lieblingssprache. Auch wenn ich oft mit Spott dafür bedacht wurde, da Französisch im Vergleich zum Englischen total uncool war, blieb es für mich immer die schönste Sprache der Welt.

Ich kann mich noch gut daran erinnern, dass wir sie beinahe gefragt hätten, ob sie schwanger sei. Unter ihren Röcken zeichnete sich immer so ein kleines Bäuchlein ab. Getraut hat sich nie jemand. Zum Glück, der vermeintliche Babybauch war ein Jahr später immer noch da, ohne sich aber in der Zwischenzeit vergrößert zu haben.

Nun stand sie vor mir und wusste nicht recht, was sie sagen sollte. Das Einzige, was sie mir auf den Weg gab, war der Tipp, dass Kaugummi kauen die Gesichtsmuskulatur stärke. Ich muss sie wohl verblüfft angeschaut haben. Auf jeden Fall war ihr Besuch eine willkommene Abwechslung für mich und ich freute mich so, dass sie nun bei Dr. Shanti einen friedlicheren Job hatte als mit uns damals.

Meine Trainingseinheiten zahlten sich aus. Bald schon konnte ich bis zum Ende des Ganges laufen. Eigentlich hatte mir Dr. Shanti versprochen, dass ich dann nach Hause dürfte.

So schnell hatte er aber nicht damit gerechnet und musste sein Versprechen kleinlaut zurücknehmen. Dafür wartete eine Überraschung auf mich. Am Ende des Ganges befand sich eine Glastür, durch die man auf eine kleine Terrasse gelangte. Die Schwestern hatten mir ein kleines Tischchen samt Stuhl und Sonnenschirm bereitgestellt. Nach über zwei Monaten war es das erste Mal, dass ich an die frische Luft durfte. Katharina brachte mir eine Kugel Erdbeereis.

„Heute mal keine Vanille", grinste sie mich liebevoll an.

Ich hätte sie auf der Stelle umarmt, wenn ich gedurft hätte.

Ich blieb lange Zeit einfach nur sitzen, konnte mich an den vielen Farben nicht sattsehen. In meinem Zimmer war alles grau in grau gewesen. Hier strahlte mir die ganze Farbpracht entgegen. Das goldene Gelb der Blumen, das Hellblau des Himmels, der von dem weißen Streifen eines Flugzeugs verziert worden war, das satte Grün der Büsche und Gräser, die in den Kübeln wuchsen. Ich schloss die Augen, hörte das Vogelgezwitscher und das leise Summen der Bienen und Hummeln. Sie schienen ein Konzert für mich anzustimmen.

Ich sog die laue Frühsommerluft in mich hinein, blähte meine Lungen ganz weit auf. Es roch so gut! Eine Mischung aus Blumen, Erde, Sonne und Leben. Ich spürte den leisen Wind, der mit meinen Haaren spielte, mich zärtlich zu streicheln schien, nahm die wärmenden Sonnenstrahlen auf meinem Gesicht wahr. Ich tauchte ganz in meine Umgebung ein, ließ mich von ihr innig umarmen, bis ich ganz mit ihr verschmolz, eins mit ihr wurde. Es gab keine Begrenzungen mehr, alles war mit allem verbunden. Ein Netz aus pulsierendem Leben, das aus reinem Licht zu bestehen schien.

Ich fühlte mich so unglaublich lebendig, so stark, so glücklich. In dem Moment, in dem ich äußerlich alles verloren hatte, wurde ich reich beschenkt. Zum ersten Mal in meinem Leben spürte ich mein wahres Selbst, begann, mich selbst zu lieben. Es war ein Gefühl der Ruhe, der absoluten Geborgenheit und auch der Sicherheit. Hier konnte mir nichts und niemand etwas anhaben. Ich hatte ein zweites Leben geschenkt bekommen und mich dazu.

13

Spieglein, Spieglein …

Spieglein, Spieglein an der Wand …

Wir alle wissen, wie der berühmte Satz im grimmschen Märchen weitergeht. Nur, dass der Spiegel nicht an der Wand, sondern in meiner Hand lag und ich genau wusste, dass das, was ich jetzt zu sehen bekäme, nicht das Schönste im Land war. Meine Entlassung aus dem Krankenhaus stand kurz bevor. Der Moment, in dem ich mich zu meinem Spiegelbild bekennen musste, war gekommen. Auf der Verbrennungsintensivstation sind Spiegel tabu. Nirgends hängt so ein Ding, nirgends besteht die Möglichkeit, sich zu sehen.

Die Schwester drückte ihn mir in die Hand. „Nimm dir Zeit!" Dann war sie schon wieder draußen.

Ich wusste nicht, was mich erwartete. Ich hatte keine Ahnung, wie meine Haut im Gesicht aussah, wie ich mich verändert hatte. Ich spürte, wie sich mein Puls beschleunigte, wie meine Hand, in der ich den Spiegel hielt, zitterte. Ich machte mich auf so ziemlich alles gefasst. Ich redete mir ein, dass, was immer ich jetzt zu sehen bekäme, nicht so schlimm sei, dass alles gut werde. Und selbst, wenn ich ganz anders aussähe, so bräuchte ich nur in meine Augen zu schauen, dann würde ich mich wiedererkennen. Man sagte ja nicht um sonst, die Augen seien der Spiegel der Seele.

Langsam hob ich den Spiegel an, drehte ihn zu mir und schaute hinein. Meine Haut war überall leuchtend rot. Sie sah aus, als wäre sie mit grobem Schleifpapier behandelt worden. Mein Gesicht war aufgedunsen wie ein Schwamm, der sich vollgesogen hat. Gleichzeitig hingen die Wangen schlaff herunter. So richtig charakterlos. Jetzt wusste ich, weshalb Frau Picard die Idee mit dem Kaugummikauen hatte. Ich erinnerte mich auch daran, was ich meinen beiden Privatfriseuren gesagt hatte, schämte mich fast. Schön war anders. Was müssen die wohl von mir gedacht haben. Das, was ich sah, war nicht die Frau, die ich kannte.

Schau dir in die Augen, ermahnte ich mich selbst. Ich suchte verwirrt nach ihnen. Auf das, was dann kam, war ich nicht gefasst. Zwei große, leere Augen schauten mich an. Matt und leblos. Die Augen einer Fremden. Wo war die Kraft, der Lebenswille, den ich vor einigen Tagen so intensiv auf der Terrasse gespürt hatte? Ich erschrak zutiefst. Wo war ich?

Es war wie einige Tage zuvor, als ich den Patienten im Nebenzimmer sah und seinen Körper nicht mit ihm selbst in Einklang bringen konnte. Nur ging es jetzt um mich. Es war nicht so sehr die Tatsache, dass ich anders aussah, sondern vielmehr, dass das, was ich sah, nicht zu dem passte, was ich innerlich fühlte.

Du musst nur tief genug in die Augen schauen, ganz tief eindringen, dann findest du dich, sagte ich mir. Aber so sehr ich mich bemühte, es gelang mir einfach nicht. Ich war mir so fremd. Ein dicker Kloß im Hals machte mir das Atmen schwer. Ich war so unendlich verzweifelt. Konnte nichts an mir finden, zu dem ich Zugang fand. Ich spürte, wie mir die Tränen die Wangen hinunterliefen. Das Salz darin brannte auf meiner Haut. Es war, als hätte man eine Schleuse aufgedreht. Ich weinte nicht wegen meines Äußeren. Ich weinte, weil ich nicht damit klar kam, dass ich mir so fremd war.

„Wer ist das?", fragte ich mich immer wieder. Ich war nicht mehr dieselbe. Äußerlich nicht, aber innerlich auch nicht. Ich weiß nicht, wie lange ich mich angesehen habe, die Zeit schien stillzustehen.

Irgendwann legte ich den Spiegel weg. Das brachte doch nichts. Ich schloss die Augen, atmete tief durch, bis ich mich innerlich beruhigte. Ich beschloss, mich wie damals auf der Kabinentoilette im Flugzeug von meinem Äußeren zu trennen. Wenn ich unfähig war, mich mit meinen eigenen Augen zu sehen, dann müsste eben das Herz das Sehen übernehmen. Ich musste fühlen, wer ich war, musste mir eingestehen, dass es die alte Sandra so nicht mehr gab und mich auf das Abenteuer, diese neue Sandra zu entdecken, einlassen. Mit einem Mal wurde ich wieder ganz ruhig, spürte wieder die Zuversicht, dass ich alles packe. Ich war bereit für den nächsten Schritt. Ich war bereit, nach Hause zu gehen.

Es dauerte sehr lange, um ehrlich zu sein, Jahre, bis ich in den Spiegel schauen konnte und zu mir selbst sagen konnte: „Das bin ich!"

Dass der Körper nicht bloß eine Hülle ist, die mich durchs Leben trägt, wurde mir bald bewusst. Er ist auch das Erste, mit dem du einem Menschen gegenübertrittst, wenn du ihm begegnest. Wie sehr du am Äußerlichen festgemacht wirst, sollte ich bald schmerzlich erfahren.

An einem der letzten Tage hatten sich die Schwestern noch etwas ganz Besonderes einfallen lassen. Ich freute mich den ganzen Tag darauf, war gespannt wie ein Flitzebogen.

Am Nachmittag sollte Mike kommen. Seit ich im Krankenhaus war, hatte er mich fast jeden Tag nach der Arbeit besucht.

Heute wurde er in eine andere Kleidung gesteckt. Die gleiche, welche die Schwestern trugen, wenn sie mich behandelten. Und das bedeutete, dass er mich nach über zwei Monaten anfassen durfte. Klar mit Handschuhen, aber für mich bedeutete es die Welt. Anfassen, ihn spüren, seine Hand halten. Das hatte ich mir so sehr gewünscht. Wie oft hatte ich mich nach körperlicher Wärme gesehnt, die mich mein Frieren hätte vergessen lassen. Dann war es so weit! Mike kam herein. Ich strahlte vor Glück. Zögerlich und unsicher griff er nach meiner Hand. Ich war so glücklich, seine Hand zu halten, einfach nur zu halten. Ich hätte ihn stundenlang gehalten, hätte ihn nie mehr losgelassen, so grenzenlos großartig fühlte sich das an.

Vor lauter Freude realisierte ich zuerst gar nicht, dass etwas nicht stimmte. Es war wie ein Filmriss, bei dem die liebliche Musik plötzlich verstummt und die Akteure aus der Rolle gerissen werden, weil der Regisseur lauthals „Cut" schreit. Mir wurde auf einmal bewusst, dass die Gefühle, die von mir ausgingen, auf einer einsamen Einbahnstraße unterwegs waren und sich irgendwo im Nirwana verloren. Da kam nichts von dem Großartigen zurück, das ich empfand. Nur Unbehagen und der starke Drang, möglichst schnell wieder aus den Klamotten rauszukommen.

„Mir ist heiß, ich muss hier raus!", platzte er heraus und zog seine Hand abrupt zurück. Meine Handfläche, die kurz zuvor noch von seiner Hand erwärmt worden war, erkaltete schlagartig. Die Kälte kroch langsam hoch in mein Herz und wollte es in ihren eisigen Griff nehmen. Schnell schüttelte ich dieses Gefühl ab. Ihm war einfach nur heiß, einfach nur heiß. Kein Wunder, in diesen Klamotten und dann noch bei der Affenhitze, die man künstlich in meinem Zimmer erschaffen hatte. Einfach nur heiß!

Und dennoch blieb ein kleiner Stachel in meinem Herzen stecken, der Stachel des Zweifels, den ich von nun an ignorierte.

14
Daheim

Der Tag war gekommen. Ich durfte nach Hause. So sehr ich mich darüber freute, so sehr fiel mir der Abschied schwer von den Leuten, die mich in meiner schwersten Stunde aufopfernd betreut hatten. Sie waren in dieser Zeit wie eine kleine Ersatzfamilie geworden. Endlich durfte ich alle umarmen.

„Wir verlieren hier so viele Menschen, vor allem alte. Da tut es so gut, dass jemand so Junges überlebt. Ich wünsch dir alles, alles Gute!", sagte mir Katharina mit Tränen in den Augen und drückte mich an ihren weichen Busen. Mehr als ein „Danke" brachte ich in meiner Rührung nicht zustande, aber es kam aus dem tiefsten Innern meines Herzens.

Für diesen Tag hatte ich lange trainiert. Hier im Krankenhaus hatte ich noch den Rollstuhl, der mich bis zum Auto fuhr. Von da an war ich auf meine eigenen Beine angewiesen. Ich wusste, dass ich zu Hause vom Auto aus den Weg um den Garten, ums Haus herum, durch die Eingangstür rein und die Treppe hoch in mein Zimmer, das mir meine Eltern hergerichtet hatten, schaffen musste. Ich hatte dafür geübt, stundenlang. Hatte sogar erfolgreich das Treppentraining, das mir Dr. Shanti, nachdem ich zu schnell am Ende des Ganges angekommen war, aufgebrummt hatte, absolviert.

Meine Mutter schob mich durch die Gänge. Dann ging es ab nach draußen an die Luft. Freiheit, schrie es innerlich in mir! Ich bin zurück! Langsam und mit viel Geächze hievte ich mich ins Auto. Ich saß hinten auf dem Rücksitz und schaute aus dem Fenster, während wir durch die Stadt fuhren. Die Welt kam mir so groß vor. Die letzten gut zwei Monate hatte sich meine Welt auf den Raum beschränkt, den ich auf der Intensivstation zugeteilt bekommen hatte. Die Eindrücke überschlugen sich in meinem Kopf.

Ich sah die Menschen, wie sie in Eile zu ihrer Bahn rannten, sah Mütter, die sich liebevoll über ihre Kinder beugten, die im Kinderwagen saßen. Ein Liebespaar, das sich eng umschlungen, die Welt rundherum vergessend, innig küsste. Ich sah die Bäume, die während meiner Abwesenheit ergrünt waren, die Blumen, die in ihrer vollen Pracht mit ihrem Duft die Luft schwängerten. Hörte das Lachen der Kinder, die mit ihren Papa herumalberten. Das pralle Leben! Ich konnte mich gar nicht sattsehen. Und ich war wieder ein Teil davon.

Zu Hause angekommen, nahm ich die Strecke in Angriff. Wir reden hier über gut und gerne hundert Meter, die ich zurücklegen musste. Für mich war es jedoch wie ein Marathonlauf. Schweißgebadet und vor Schwäche am ganzen Körper zitternd ließ ich mich auf mein Bett plumpsen. Viel weiter hätte es nicht sein dürfen, dachte ich mit Erleichterung. Ich war platt wie eine Flunder, musste mich erst einmal erholen.

Auf halber Strecke kam mir mein kleiner Bruder Claudio freudestrahlend entgegengerannt. Er musste schon ganz gespannt gewesen sein, seine große Schwester nach so langer Zeit wiederzusehen. Als er mich erblickte, erstarrte sein Strahlen.

„Mann, bist du dünn geworden!", war das Erste, was ich als Begrüßung von ihm hören durfte. Ich hätte ihn am liebsten sofort geknuddelt, aber ich war so mit meiner Balance beschäftigt, dass ich mich nicht traute.

Er war damals gerade mal elf Jahre alt. Für ihn muss diese Zeit auch ganz schön schwierig gewesen sein. Er hatte ja das Geschehen nur aus einer gewissen Distanz erlebt. Hatte miterlebt, wie meine Eltern beinahe vor Kummer aufgefressen wurden. Hatte mitgelitten, wenn sie sich erlaubten, die vor mir zurückgehaltenen Tränen fließen zu lassen. Meine Eltern waren vollkommen absorbiert, da blieb kaum noch Zeit für ihn. Es wurde Selbstständigkeit von ihm erwartet. Das kleine Nesthäkchen bekam nicht mehr die Aufmerksamkeit, die es sonst bekam. Nie hat er sich darüber beklagt, nie hat er gejammert, dass sich alles nur noch um mich drehte. Er hat sich zurückgenommen, hatte unglaublich viel Verständnis.

Ich habe ihn neulich mal gefragt, wie er das Ganze erlebt habe. Es sei eine harte Zeit gewesen, vor allem, als er die Verzweiflung gespürt habe, als meine Eltern realisierten, dass da irgendetwas auf der Dermatologie nicht richtig zu laufen schien. Er konnte sich noch gut an die Gerüche der vielen Tinkturen und Salben, die im ganzen Haus verteilt waren, erinnern. Das ganze Haus habe danach gestunken. Und daran, dass ich so unglaublich dünn geworden war.

Als ich mich ein paar Stunden später erholt hatte, versuchte ich aufzustehen und sah mich vor ein Problem gestellt. Mein Bett war um einige Zentimeter tiefer als das im Krankenhaus. Das konnte man ja hoch- und runterlassen. Meine Muskelkraft reichte einfach nicht aus, um diese paar Zentimeter mehr zu meistern. Mein Vater, der immer schon sehr praktisch veranlagt war, stellte mein Bett kurzerhand auf einen Stapel Bücher und schon hatten wir die erste Hürde überwunden.

Für meinen ersten Abend daheim hatte ich mir Pizza gewünscht. Ich sehnte mich so sehr nach etwas Herzhaftem, etwas zum Beißen. Das Essen im Krankenhaus war mehrheitlich püriert worden, damit mir die neue Haut auf der Zunge nicht aufriss. Die undefinierbare Pampe war alles andere als schmackhaft und verdarb mir meist den Appetit.

Nur schon der Geruch nach Käse, Schinken, Kräutern und Tomaten war himmlisch. Feierlich nahm ich das erste Stück in den Mund, eine wahre Geschmacksexplosion. Einfach köstlich, die beste Pizza der Welt. Dafür nahm ich sogar in Kauf, dass sich der knusprige Teig in meine Zunge bohrte. Das war es mir wert! Ich fühlte mich wie Gott in Frankreich, rundum glückselig. Wir saßen draußen im Garten. Es war ein angenehmer, warmer Sommerabend. Ich freute mich mit jeder Faser, wieder daheim zu sein.

Meine Mutter war gerade mal eben reingegangen, als mir mein Papa seine Hand auf meine legte.

Er schaute mich liebevoll an und meinte mit Tränen in den Augen: „Sandra, gell, du bist nicht zu traurig, wenn das mit dem Mike nicht so kommt, wie du dir das vorstellst."

Und da war er wieder, dieser Stich im Herzen. Nur der Bruchteil einer Sekunde, dann verscheuchte ich ihn wieder. Das, was mein Vater da sagte, traf mich aus heiterem Himmel. Mein

Papa hatte sich schon immer aus meinem Beziehungsleben rausgehalten, hatte sich nie in etwas Derartiges eingemischt. Deswegen überraschte mich seine Aussage umso mehr.

„Wie meinst du das, Papa?", fragte ich verwirrt.

Er ging nicht darauf ein. „Ich wollte es dir nur gesagt haben", erwiderte er bloß. In seiner Stimme schwang eine tiefe Traurigkeit mit.

Ich verwarf seine Bedenken. Nein, daran wollte ich jetzt nicht denken. Ich wollte meinen ersten Abend nicht verderben. Wenn ich ehrlich zu mir gewesen wäre, auf meine innere Stimme gehört hätte, hätte ich zugegeben, dass er womöglich Recht hatte. Dazu fehlte mir aber die Kraft.

Die folgende Zeit war geprägt durch viele Aufs und Abs. Ich gewann täglich mehr von meiner Selbstständigkeit wieder und war um alles froh, bei dem ich körperlich keine Hilfe mehr brauchte. Ich nahm auch ganz langsam wieder zu. Kein Wunder, meine Mutter mästete mich regelrecht. Ich wurde den ganzen Tag mit meinen Lieblingsspeisen eingedeckt. Ich haute rein wie ein Schwerstarbeiter. Früher hätte ich mir gewünscht, so unbedarft reinhauen zu können. Seit ich denken kann, habe ich immer wieder über meine in meinen Augen zu dicken Beine lamentiert.

„Du hast halt die kräftigen Beine deiner Oma geerbt", meinte mein Vater immer, obwohl er das Wort „kräftig" wohl nie als so negativ empfunden hatte. Für mich war es gleichbedeutend mit fett, unansehnlich, Krautstampfer eben. Nun hatte ich so dürre Beinchen wie ein Fischreiher, der mal gerade auf Diät war. Einen Hintern hatte ich gar keinen mehr. Da waren nur zwei dünne Stelzen, die direkt an den spitzen Hüftknochen angemacht waren. Ich hatte mir immer dünnere Beine gewünscht, aber das war des Guten zu viel.

Alle täglichen Verrichtungen waren sehr anstrengend. Ein simples Mittagessen einzunehmen, war kräfteraubend. Das aufrechte Sitzen forderte mich schon. Ich zitterte so heftig vor Anstrengung, wenn ich die Gabel zum Mund führte, dass mir das meiste wieder runterfiel. Geduldig saßen alle mit mir am Tisch, obwohl sie ihren Teller schon lange geleert hatten. Meist aber saß ich dann doch am Schluss alleine am Tisch und übte meine Koordination.

Weil ich für alles so lange brauchte und nachher völlig erschöpft erst mal schlafen musste, waren meine Tage ausgefüllt. Außerdem musste ich immer wieder ins Krankenhaus für diverse Untersuchungen und Kontrollen. Nachts wurde ich oft von Albträumen heimgesucht. Viele der Bilder und Eindrücke auf der Intensivstation hatten sich mir eingebrannt und ließen mich schweißgebadet aufschrecken. Sie raubten mir den Schlaf.

Dr. Shanti verschrieb mir Valium, gerade mal einen Viertel der Dosis, die ich auf der Intensivstation verabreicht bekommen hatte. Doch das reichte, um mir die Volldröhnung zu geben. Ich war am folgenden Tag bis mittags noch total bedüselt und kam gar nicht in die Gänge. Es dauerte lange, bis mich die Bilder nachts in Ruhe ließen.

Wenn ich gerade nichts zu tun hatte, schaute ich fern. Mit der Zeit gelang es mir auch wieder, mich an das Gesehene zu erinnern. Bald schon aber regte ich mich unheimlich auf.

Haben Sie schon einmal darauf geachtet, wie viel Werbung rund um die Haut gemacht wird? Da jagt ein Spot den anderen. Blutjunge Models rekeln sich im Sonnenschein, streicheln lasziv über ihre Haut, in der sie sich sichtlich wohl fühlen. Da schauen dich Frauen an, deren Gesicht auf einmal an den Wangen und am Kinn zu bröckeln beginnt. So, als ob sich der Putz in dem sonst so makellosen Gesicht langsam löst. Da bröckelt die Fassade, die Frau droht im wahrsten Sinne das Gesicht zu verlieren. Schutzlos ist die Haut den Reizen der Außenwelt ausgeliefert.

Da mag der Slogan „Weil Gesundheit auch Hautsache ist" einleuchtend erscheinen. Bei mir wurde die Hautsache zur Hauptsache. Alles drehte sich nur noch um meine Haut. Und von der hat man so verdammt viel, wie ich feststellen musste. Die Haut ist das größte Organ, so an die zwei Quadratmeter umhüllen uns, bis zu zehn Kilo schleppen wir davon herum.

„Jede Haut ist schön" heißt es da im nächsten Werbefilm. Meine Haut war nicht schön, da konnte ich noch so positiv denken. So viel Augenwischerei konnte ich gar nicht betreiben. Sie war schweinchenrosa und dazu rau wie die Haut einer Echse.

Sie schuppte pausenlos vor sich hin. Überall, wo ich ging und stand, hinterließ ich meine Spuren.

„Leise rieselt der Schnee", summte es mir gelegentlich durch den Kopf, und das mitten im Sommer. Wenn ich im Sessel saß, hinterließ ich ein kleines, weißes Häufchen aus schuppigen Hautpartikeln. Eine Schlange wäre wohl neidisch geworden in Anbetracht des Tempos, in dem ich mich aus meiner neuen Haut schälte. Meine Mutter rannte den ganzen Tag mit Besen und Schäufelchen hinter mir her.

Ich war weit davon entfernt, eine Pfirsichhaut zu haben. Da konnten sie mir viel erzählen von ihren Wundercremes, die sie in sparsamen Klecksen auf ihre nicht vorhandene trockene Haut schmierten. Fast eine ganze Flasche einer medizinischen Lotion ging drauf beim einmaligen Einreiben meines Körpers. Reich an Feuchtigkeit und Lipiden. Davon habe ich kaum etwas gemerkt. Meine Reibeisenhaut schluckte das Zeug gierig auf, um im nächsten Moment nach mehr zu schreien. Heute würde ich von dem Zeug eine baumnussgroße Menge brauchen und würde wie eine Speckschwarte glänzen.

„Noch nie hat sich empfindliche Haut so gesund und schön angefühlt."

Wollten die mich verarschen? Empfindlich ja, das unterschrieb ich sofort, und wie! Aber schön? Nein! Die hatten gut reden, schmierten sich haufenweise Zeugs ins Gesicht, um gegen die nicht vorhandenen Falten anzukämpfen. Nicht mal mit der Lupe sah man die. Die hatten vielleicht Probleme.

Es gibt wohl kaum so viele Redewendungen um den menschlichen Körper wie um die Haut. Da möchte man zum Beispiel „nicht in der Haut eines anderen stecken". Ich wünschte mir zu dieser Zeit sehr oft, das möglich zu machen. Aber man „kann halt nicht aus seiner Haut raus."

Nicht selten wollte ich „aus der Haut fahren", wenn es wieder mal überall juckte und brannte wie Harry. Das trieb mich dann fast in den Wahnsinn. Es machte mich richtig aggressiv. Am liebsten würdest du dem Nächsten, der dir begegnet, eine runterhauen. Nur kann der so gar nichts dafür und das weißt du auch und lässt es bleiben mit dem Hauen.

Dafür würdest du dich am liebsten selbst zerfleischen. Das hätte ich wohl auch getan, wäre da die bereits erwähnte Tatsache der verlorenen Fingernägel nicht im Wege gestanden.

Ja, ich war mit dem Leben davon gekommen. Mit heiler Haut leider nicht. Das sollte noch ein langer, zermürbender Prozess werden.

Als meine „Häutung" endlich abgeschlossen war, begann sich meine Haut gegen alle möglichen und unmöglichen Feinde zu wappnen. Sie nahm ihre Aufgabe in der Abwehr von schädlichen Außenreizen ein bisschen zu ernst und schoss weit übers Ziel hinaus. Es war, als hätte sie eine ganze Armada im Feldzug gegen die feindlichen Übergriffe errichtet. Sie reagierte so ziemlich auf alles, war in ihrer Reaktion blind geworden.

Ich begann auf eine ganze Palette von Nahrungsmitteln zu reagieren, auf sämtliche Pflegemittel, auf Medikamente bis hin zu meinem eigenen Körperschweiß. Mein ganzes Immunsystem schien Amok zu laufen. Meine Haut hatte so manche Überraschung auf Lager. Mal bekam ich am ganzen Körper Nesselfieber, mal entwickelte ich irgendwelche seltsamen Flechten oder ich setzte zu einer erneuten Häutung an. Ich rannte von Pontius zu Pilatus, sah so manches Behandlungszimmer diverser Ärzte von innen. Man schnippelte wild an mir rum, um irgendwelche Hautanalysen zu machen. Dabei gab man sich nicht sonderlich Mühe, bei der kam's ja eh nicht drauf an, so wie die aussah. Manchmal kam ich mir vor wie eine tote Ratte, an der man zu Studienzwecken herumsezierte. Ergebnisse kamen dabei keine zutage.

„Seien Sie froh, dass Sie überlebt haben!", bekam ich zur Antwort.

Damit konnte und wollte ich mich aber nicht zufriedengeben. Ich wollte ein lebenswertes Leben zurück.

Zum Schluss landete ich bei Frau Liebhard. Eine verschrobene, skurrile Apothekerin im Luzernischen. Nebst ihrer Apotheke betrieb sie Bioresonanz, eine alternative Therapiemethode. Eine gute Seele hatte sie mir empfohlen und sie sollte mein rettender Anker werden. Frau Liebhard war ein wandelndes medizinisches Lexikon. Sie sprach vier Sprachen fließend und war ein absoluter Chaot. Ich fragte mich oft, wie sie in ihrem Chaos überhaupt etwas finden konnte. Überall lagen kleine Reagenzgläschen mit irgendwelchen Substanzen, die auf allergische Reaktionen getestet werden konnten.

Wenn sie dann mit ihrem Pendel vor meiner Nase herumfuchtelte, kam sie mir oft wie eine kleine Hexe vor, die über magische Kräfte verfügte. So manches erschien mir auf den ersten Blick suspekt und klang nach Hokuspokus. Sie behielt aber in der Regel recht mit ihren Aussagen und ich lieferte mich ihr mit der Zeit vertrauensvoll aus.

Als ich das erste Mal bei ihr war, testete sie eine Unmenge von Lebensmitteln, auf die ich allergisch reagieren könnte. Die Liste, die positiv getestet wurde, war ellenlang. Als sie mir eine Tabelle mit den verträglichen Lebensmitteln gab, traf mich fast der Schlag. Sie hatte auf ein paar wenigen Zeilen Platz. Da kann ich mich ja direkt an den nächsten Baum knüpfen, dachte ich resigniert. So schlimm war es dann doch nicht. Ich gewöhnte mich schlicht und einfach an die neue Ernährungsweise und wurde erstaunlich kreativ in der Handhabung der wenigen Lebensmittel. Ein halbes Jahr musste ich mich strikt an den Ernährungsplan halten. Dann wurden nach und nach wieder bestimmte Lebensmittel freigegeben. Meine Haut beruhigte sich zusehends, kam wieder ins Lot.

Dann kam irgendwann der Zeitpunkt, an dem ich in den Spiegel schaute und mich so richtig ärgern konnte. Sie kennen das bestimmt. Sie hatten etwas Wichtiges vor, ein Vorstellungsgespräch, das erste Date oder einen Termin beim Fotografen. Und da prangte er, leuchtend rot und riesig. War über Nacht aus dem Nichts aufgetaucht und präsentierte sich am Morgen beim ersten Blick in den Spiegel in voller Größe. Ein Pickel! Da nützte alles Abdecken nichts! Und da hatten sie mich wieder, die nichtigen Eitelkeiten. Aber das war gut so, es war der Schritt zurück in die Normalität, in der das Banale sich so aufschwingt.

Heute hat mich die Werbung der Kosmetikriesen wieder voll im Griff. Zu meiner Schande muss ich gestehen, dass ich mir die gepriesenen Wundercremes ins Gesicht schmiere und den Kampf gegen die Spuren der Zeit in Angriff genommen habe.

15
Mama ist die Beste

Liebe Mami!

Ich weiß gar nicht, ob ich dir je gedankt habe für all das, was du für mich getan hast. Du warst für mich immer schon die beste Mami, die ich mir wünschen konnte.
In dieser Zeit wurdest du für mich aber noch unersetzlicher. Du hast mich in meiner Krankheit nicht nur begleitet, nein, du hast mich mit deiner Liebe getragen, wenn ich müde wurde, hast mir wieder aufgeholfen, wenn ich gefallen bin. Wenn du neben meinem Bett gestanden hast, spürte ich deine Sorge, deinen Schmerz und doch den unerschütterlichen Glauben daran, dass ich es schaffte.
An dem Tag, an dem ich nach Hause durfte, konnte ich dich endlich umarmen und spürte an den spitz gewordenen Schulterblättern, wie sehr das Ganze an dir gezehrt hatte. Ich hielt eine zugleich zerbrechliche wie starke Frau in den Armen. Ich kann nur erahnen, wie schwer es für dich war, zu fürchten, dass dein Kind vor dir gehen müsste. Seit ich selbst Mutter einer Tochter bin, weiß ich, dass es wohl das Schlimmste wäre, mein Kind zu verlieren.
Als ich dann nach Hause kam, hast du für mich gekocht. Alle meine Lieblingsgerichte, du hast mich wieder aufgepäppelt. Du hast mich eingecremt mit deinen kleinen, feinen Händen. Hast mir bei all den täglichen Verrichtungen geholfen, die ich selbst noch nicht imstande war zu tun.
Die Freude des Heimkehrens währte nicht lange. Du wolltest mir was Gutes tun und hast mir ein schönes Kamillenbad eingelassen. Es muss wohl ein ganz schöner Schock gewesen sein, als du am Morgen in mein Zimmer gekommen bist und mich gesehen hast. Anscheinend vertrug ich die Kamille nicht. Mein ganzer Körper war aufgequollen. Unter der dünnen Haut hatte sich das Badewasser quasi eingelagert. Du hast mich einfach ins Auto gepackt und bist ins Krankenhaus zu Dr. Shanti ge-

fahren. Der gab Entwarnung, obwohl ich ihn wieder mal vor ein Rätsel stellte, für das er keine Erklärung fand.
„Lassen Sie die Kamillenbäder sein", war seine pragmatische Antwort. Weißt du noch, wie wir uns halb totgelacht haben, als du mir den großen Gymnastikball angeschleppt hast, um meine Muskulatur wieder auf Vordermann zu bringen. Ich lag wie ein hilfloser Käfer auf dem Rücken. Die Unterschenkel auf den Ball zu legen, war für mich schon ein Kraftakt. Nun sollte ich sie auch noch leicht anheben. Ich würgte und strengte mich an, doch alles, was ich zustande brachte, war ein geräuschvoller Furz. Da gab es für uns beide kein Halten mehr, wir brachen in schallendes Gelächter aus, lachten, bis uns der Bauch wehtat und uns die Tränen runterliefen. Es war ein befreiendes Lachen, tat so unendlich gut nach all dem Kampf.
Du ließest mich ungern wieder zu Mike. Es sei noch zu früh, warntest du eindringlich. Manchmal hören Kinder nicht, was ihre Mütter ihnen sagen. Leider haben sie meistens Recht. Vielleicht wären mir viele Tränen der Traurigkeit, die du mir dann ohne Vorwurf getrocknet hast, erspart geblieben. Vielleicht wäre der Kummer, als mir Mike durch sein Verhalten das Herz in Stücke brach, nicht so abgrundtief gewesen. Du hast mich wieder nach Hause geholt, energisch meine Sachen gepackt und gemeint: „Komm, wir gehen jetzt nach Hause. Du hast was Besseres verdient!"
Meine Welt fiel in sich zusammen wie ein einstürzendes Kartenhaus. Du warst dabei, als ich es Stück um Stück wieder neu errichtete, hast mich ermutigt, mir deine Kraft geliehen, wenn sie mir auszugehen drohte. Ich kann mich noch gut an den Tag erinnern, als du mich angerufen und mich gebeten hast, den Fernseher einzuschalten. Es kam gerade ein Dokumentarfilm über die Verbrennungsintensivstation. Ich erkannte den OP sofort wieder mit seiner Wanne, in der ich so manches Mal Qualen gelitten hatte. Die Bilder, die ich von den behandelten Patienten zu sehen bekam, erschreckten mich.
„Die sehen aber schlimm aus", entfuhr es mir.
„Das ist noch gar nichts im Vergleich dazu, wie du ausgesehen hast. Das ist harmlos!"
Jetzt verstand ich, weshalb du die Bilder von damals nicht mehr loswirst, weshalb sie dich bis in die schlimmsten Albträume verfolgen. Ich habe mich selbst nie gesehen. Zum Glück! Vermutlich hätte ich mich dann

aufgegeben, weil ich nicht mehr daran geglaubt hätte zu überleben. Dir aber haben sich die Bilder unauslöschlich eingebrannt.
Es tut mir so leid, dass ich dir so viel Schmerzen und Kummer bereitet habe. Ich wünsche mir, dass du die Bilder in deinem Kopf eines Tages loslassen kannst. Und damit auch die verbundene Angst, die dich immer wieder einholt. Eine Mutter sollte ihr Kind nicht so sehen müssen. Und doch ist es ein Teil unserer Geschichte, ein Teil, der uns beide noch mehr zusammengeschweißt hat.

Danke Mami, für alles! Für mich bist du die beste Mami der Welt!

In Liebe, deine Tochter Sandra

16
Absturz

„Wann kommst du wieder zu mir zurück?"

Mit dieser Frage löcherte mich mein Freund seit dem Zeitpunkt, als ich aus dem Krankenhaus entlassen worden war.

Natürlich wollte ich so bald wie möglich zu Mike zurück. Ich vermisste ihn. Im Krankenhaus war er jeden Tag nach der Arbeit zu mir gekommen, hatte neben meinem Bett gestanden und mir Mut zugesprochen. Er war mir eine große Stütze gewesen. In den vielen Stunden, in denen ich so dalag, stellte ich mir unsere gemeinsame Zukunft vor. Malte mir aus, wie wir glücklich miteinander lebten, wie unsere Liebe jeden Tag wuchs, wie wir zusammen eine Familie gründeten und in unser gemeinsames Haus einzogen. Oder ich stellte mir vor, wie wir gemeinsam aneinandergekuschelt den Sonnenuntergang am Strand anschauten. Mike war ein wichtiger Bestandteil meiner Vision für mein zukünftiges Leben, einer der Gründe, weshalb ich so um mein Leben gekämpft hatte.

Nun wünschte ich mir seine Nähe sehnlichst herbei. Innerlich spürte ich jedoch, dass ich noch nicht bereit war. Ich fühlte mich körperlich noch nicht in der Lage. Hier bei meinen Eltern war ich den ganzen Tag rundherum betreut, war nie alleine.

„Irgendwann musst du den Schritt zurück ins normale Leben wagen", warf mein Freund ein.

Ich gab nach, wischte meine Zweifel beiseite und redete mir selbst ein, dass ich das schon schaffte. Schließlich war ich eine Kämpferin.

So fühlte ich mich jedoch gar nicht, als ich dann das erste Mal in seinem kleinen Garten stand. Verloren stand ich da. Die lindgrünen Leggins, die früher meine Beine straff umspannt hatten, schlotterten immer noch. Die Sonne brannte vom Himmel herab und fraß sich in meine dünne Haut. Ich fühlte mich so schutzlos, so ausgeliefert. Und obwohl mein Freund drinnen war und meine Sachen auspackte, fühlte ich mich so unendlich alleine. Alles war so, wie ich es einige Monate zuvor verlassen hatte. Nur ich war nicht mehr dieselbe, nichts passte mehr.

Zurück ins normale Leben. Alles fiel mir so wahnsinnig schwer. Ich versuchte, mich im Haushalt nützlich zu machen. Begann zu putzen. Das Badezimmer wurde zum Tageswerk. Immer wieder musste ich schweißgebadet aufgeben, eine kleine Pause einlegen. Meine Hände zitterten vor Erschöpfung.

Einkaufen konnte ich noch nicht, die Taschen waren mir zu schwer. Außerdem fürchtete ich die Blicke der Leute. Ich war menschenscheu geworden. Nur in den Vorzimmern der Ärzte fühlte ich mich einigermaßen wohl. Da waren alles kranke Menschen, Menschen, die im selben Boot wie ich saßen. Ich sah viele Verbrennungspatienten in der Nachbehandlung. Es waren Menschen wie ich, deren Narben eine Geschichte erzählten. Sie schauten mich nicht mitleidig an.

Eines Tages nahm ich mir vor, die Wäsche abzunehmen. Das sollte doch wohl zu schaffen sein. Stück um Stück nahm ich die trockenen Kleider von der Leine und legte sie säuberlich in den Korb. Als ich damit fertig war, betrachtete ich den vollen Korb. Irgendwie musste er jetzt hoch in die Wohnung. Klar, ich hätte am Abend meinen Freund darum bitten könne, ihn hochzutragen. Aber ich wollte das alleine schaffen, zurück ins normale Leben eben. Ich bückte mich, atmete tief ein und hob den Korb an.

Beim ersten Versuch schaffte ich es gerade mal, ihn um einige Zentimeter hochzuheben, bevor ich ihn wieder auf den Boden sinken ließ. Konzentrier dich, du schaffst das! Erneut bückte ich mich, dieses Mal mit geradem Rücken, wie mir der Physiotherapeut eingebläut hatte. Die Kraft aus den Beinen nehmend, hieve ich den Korb hoch. Wie ein wackeliger Roboter bewegte ich mich ungelenk mit ihm durch die Waschküche. Er war schwerer, als ich gedacht hatte. Ich merkte, wie meine Beine unter der Last zu zittern begannen und auf einmal butterweich wurden. Willenlos sackten die Beine unter mir weg und ich stürzte direkt auf meine Knie. Der Korb flog in hohem Bogen auf den Boden und die Wäschestücke, die ich gerade vorher noch mit so viel Mühe abgehängt hatte, lagen wild verstreut auf der Erde.

Ich kämpfte mit den Tränen. Das Gefühl, für nichts mehr zu taugen, würgte in meiner Kehle. Jetzt bloß nicht heulen, dachte ich mir und kroch auf allen Vieren in der Waschküche herum und legte die Kleider wieder zurück in den Korb. Ich getraute mich nicht, einen erneuten Trageversuch zu starten. Es blieb mir nichts anderes übrig, als meinen Freund am Abend darum zu bitten, ihn hochzutragen. Mit einer Leichtigkeit sondergleichen hob er das Ding hoch und schien förmlich damit die Treppen hochzufliegen.

„So schwer ist der nun auch wieder nicht!", murmelte er dabei kopfschüttelnd.

Von der Nähe, die ich mir so sehr gewünscht hatte, spürte ich nichts. Im Gegenteil. Die Distanz zwischen uns wurde immer größer. Dafür standen nun immer wieder die von ihm gestellten Fragen im Raum. Wenn ich zur Kontrolle musste, gab er mir einen ganzen Fragekatalog mit auf den Weg, den ich den Ärzten stellen sollte.

„Wie lange dauert es, bis die Fingernägel nachwachsen? Wann wirst du wieder in der Lage sein, Auto zu fahren? Wann wirst du wieder so aussehen wie früher? Wann wirst du wieder so sein sie früher?"

„Nie! Nie! Nie wird es mehr so, wie es mal war. Auch, wenn ich die Schönste der Welt werden sollte!", hätte ich ihm ins Gesicht schreien sollen. Stattdessen zuckte ich jedes Mal wie ein geschlagener Hund zusammen, wenn er mich auf etwas aufmerksam machte, das nicht mehr so war, wie er es sich gewünscht hätte. Mit jeder Kritik schrumpfte ich ein bisschen mehr in mich zusammen, bis ich nur noch eine tiefe Leere in mir spürte, die mich in den Abgrund zerrte. Aber es waren nicht so sehr die gesprochenen Worte, die mich demontierten. Vielmehr waren es die kleinen Gesten, das Zurückzucken, wenn ich ihn mit meiner Hand berühren wollte, die Art, wie er mich ansah. So, als hätte er etwas Hässliches, Ekelerregendes vor sich. Ich fühlte mich je länger, je mehr wie eine Aussätzige. Innerlich schrie alles in mir. Ich wollte doch nur ein bisschen Wärme, ein bisschen Nähe, einfach in den Arm genommen werden.

Ich schaute in den Spiegel und fragte mich, was er sah, wenn er mich anschaute. Seine Abscheu vor mir legte sich wie ein schwarzer, schmieriger Schleier auf mich. Drang tief in mich ein, durchtränkte mich in mit seiner modrigen Art. Ich versank regelrecht in einem nach Verwesung stinkenden Morast. Ich begann, mich vor mir selbst zu ekeln, verlor sämtliches Selbstwertgefühl.

An meinen ersten Geburtstag nach meiner Entlassung gingen wir essen. Ich hatte mir besondere Mühe gegeben, mich herausgeputzt. Hatte mir das Kostüm angezogen, das ich mir in Bangkok hatte schneidern lassen. Ich musste mir den Rock mit einem Gürtel zusammenziehen, da er mir sonst über die Hüften gerutscht wäre. Was einst Maßanfertigung gewesen war, hing an mir wie ein nasser Sack, so, als hätte man die Luft aus mir rausgelassen. Aber heute wollte ich mir die Laune nicht verderben lassen. Ich ließ es mir schmecken und haute rein. Ich spürte die Blicke der Leute, die im Restaurant saßen. Als ich zur Toilette musste, drehten sie die Köpfe nach mir um, um sie danach als gleich zusammenzustecken.

„Jetzt geht sie bestimmt alles wieder rauskotzen", müssen sie wohl gesagt haben. Denn schließlich konnte es ja nicht mit rechten Dingen zugehen, wenn jemand so ausgehungert aussah und dermaßen viel in sich hineinstopfte. Vieles ist halt nicht so, wie es von außen aussieht und zu sein scheint.

Als mir die Haare ausgingen und mir gesagt wurde, dass es besser sei, sie abzurasieren, war die erste Reaktion meines Freundes: „Du wirst wohl aber nicht so zu Hause rumlaufen, oder?"

Dass es für ihn eine Zumutung sein könnte, mich so anschauen zu müssen, daran hatte ich nicht gedacht. Ich schluckte leer. Aus Rücksicht lief ich dann zuerst mit einem Kopftuch rum.

Mein Leben versank zunehmend in einem grauen Nebel. Ich kann mich gar nicht mehr erinnern, was ich den ganzen Tag gemacht habe. Die Welt verlor ihre Farben, ihre Helligkeit, ihre Leichtigkeit. Mir war, als würde man mir das Herz bei lebendigem Leib herausreißen. Alles fühlte sich so taub und leer an. Es fühlte sich nicht einmal mehr traurig an. Ich schleppte mich durch den Tag, hoffte, dass er bald vorüberging, um dann nachts im Bett zu liegen und nicht schlafen zu können.

„So etwas habe ich noch nie gesehen. Keine Ahnung, was das ist."

Stirnrunzelnd blickte mir Dr. Shanti mit einer Taschenlampe in den Mund. Auf meiner Zunge hatte sich eine wellige, knotige Haut gebildet, die immer mehr zu wuchern schien. Sie war so dick wie die Zunge eines Wellensittichs. Es fiel mir schwer, damit zu reden. Immer wieder stieß ich mit der Oberfläche am Gaumen und an den vorderen Zähnen an. Ich lispelte mit diesem Unding im Mund.

Dr. Shanti versuchte, die Haut mit einem Skalpell zu entfernen. Abgesehen davon, dass ich wie ein Schwein blutete, brachte das gar nichts. Am nächsten Tag war die Stelle wieder geschlossen und wucherte umso mehr. Wie Unkraut, das aus dem Boden schießt. Auch der Versuch, die unansehnliche Haut mit Säure zu verätzen, schlug fehl. Dr. Shanti war ratlos und meldete mich beim Hals-Nasen-Ohren-Spezialisten an.

Es handle sich um sogenanntes granulierendes Fleisch, lautete die Diagnose. Zwei Operationen wurden notwendig. Die Zunge sollte jeweils zur Hälfte gelasert werden. Hätte man die Haut an der gesamten Zunge entfernt, wäre sie im Spalt zusammen gewachsen. Die Operation verlief ohne Komplikationen. Im Aufwachraum herrschte jedoch auf einmal Panik. Mein Blutdruck sank unterirdisch tief. Die Schwestern rannten umher und riefen nach einem Arzt.

Ich verstand gar nicht, weshalb die so einen auf hektisch machten. Ich fühlte mich so richtig high. Alles war leicht, schwerelos, wie auf einem Kissen aus abertausend Federn schwebte ich daher. Mir ging es so richtig gut, was machten die bloß für ein Drama? Was sie genau anstellten, um meinen Blutdruck wieder auf Normalkurs zu bringen, bekam ich gar nicht mit. Mir war alles so egal. In dem Moment wäre es mir auch ganz gleich gewesen, über den Jordan zu gehen. Es fühlte sich alles so leicht an wie seit langem nicht mehr. Dann schlief ich ein.

„Was machen Sie auch für Sachen!", tätschelte mir eine Schwester die Hand, als ich die Augen wieder öffnete.

Bei der zweiten Operation wurde ich anschließend besonders streng überwacht. Zwar spielte mein Blutdruck dieses Mal nicht verrückt, dafür reagierte ich auf das mir verabreichte Schmerzmittel. Ich bekam am ganzen Körper dicke, rote Quaddeln, die fürchterlich juckten.

Die beiden Operationen jedoch waren auf alle Fälle erfolgreich. Die Haut auf meiner Zunge wuchs wieder normal. Nur an den Rändern bildeten sich Narben, die mir bis heute geblieben sind. Außerdem ist meine Zunge glatt wie ein Babypopo, denn ich habe keine kleinen Knöspchen mehr drauf. Zum Glück ist mir das Geschmacksempfinden aber erhalten geblieben.

Wie bei allem erhoffte sich mein Freund, dass nun wieder alles so war wie zuvor. Das war bei meiner Zunge nicht anders. Dabei stand nicht so sehr im Vordergrund, dass ich keine Schmerzen mehr hätte oder wieder normal artikulieren könnte, sondern vielmehr eigene gewichtige Interessen. Er fand nämlich, dass er in sexueller Hinsicht in letzter Zeit so ziemlich zu kurz käme. Zum Küssen reichte die „neue" Zunge allerdings nicht, zu eklig erschien ihm dieses Ding immer noch. Aber ich könne ihm ja sonst was Gutes tun, meinte er und deutete dabei auf sein bestes Stück.

Die Haut auf meiner Zunge war gerade mal verheilt und riss immer wieder auf. Wie betäubt kniete ich nieder und tat, worauf er so schmerzlich hatte verzichten müssen. Während er sich vor Lust verzehrte, litt ich unglaubliche Schmerzen. Ich kam mir vor, als würde ich vergewaltigt. Nur dass ich der Vergewaltigung nicht nur zugestimmt hatte, sondern sie selbst an mir vollzog. In dem Moment verkaufte ich einen Teil meiner Seele. Etwas in mir, ganz tief drinnen, zerbrach. Ich glaubte, es zu hören, ein helles Klirren, wie ein kostbares Glas, das auf den Boden knallt und in tausend Stücke zersplittert.

Als ich es hinter mich gebracht hatte, rannte ich auf die Toilette und übergab mich. Mike bekam von all dem nichts mit. Als ich zurück ins Schlafzimmer kam, schlief er. Ich setzte mich auf die Bettkante und vergrub den Kopf in meinen Händen und wünschte mir zum ersten Mal, ich wäre gestorben. Ich konnte nicht einmal um mich weinen, so leer war es in mir geworden.

Nach den Reaktionen auf die Medikamente bei der letzten Operation wurde eine Testreihe angesetzt, um festzustellen, auf welche Substanzen ich allergisch reagierte und welche ich vertrug. Es wurden diverse Hauttests durchgeführt. Dazu wurde die Haut leicht aufgeritzt und die zu testende Substanz darauf geträufelt. Erfolgte eine Reaktion, so bildete sich eine kleine, juckende Pustel. Es entstand eine ellenlange Liste von Medikamenten, die ich nicht vertrug. Diejenigen, welche keine Reaktion hervorgerufen hatten, sollten später weiter getestet werden.

In einem ersten Schritt wollte man ein verträgliches Schmerzmittel finden. Ich musste mich erneut auf der dermatologischen Station einfinden. Dieses Mal wurde mir ein Schmerzmittel oral verabreicht. Auf der Haut hatte es keine Reaktion gezeigt. Während mehrerer Stunden blieb ich unter Beobachtung. Als sich nichts Besorgniserregendes ereignete, schickte man mich wieder nach Hause.

Ich fühlte mich nicht wohl, war schrecklich müde. Ich legte mich hin und schlief ein. Als ich erwachte, glühte ich vor Hitze. Ich hatte Fieber. Meine gesamte Haut war feuerrot und angeschwollen. Ich rief sofort auf der dermatologischen Station an. Ich solle mich unverzüglich ins Krankenhaus begeben, sagte man mir. Ohne lange zu überlegen, setzte ich mich ins Auto und fuhr los. Dass ich in dem Zustand gar nicht hätte fahren dürfen, war mir gar nicht klar. Ich hatte nur noch eines im Sinn: so schnell wie möglich ins Krankenhaus zu kommen. Mein Puls raste, der Schweiß drückte sich aus allen Poren.

„Mein Gott, bitte nicht! Nicht noch einmal!" ging es mir immer wieder durch den Kopf. Ich hatte Panik. „Noch einmal überstehe ich das nicht!"

Die Welt um mich verschwamm, ich nahm nur noch die Straße vor mir wahr. Die Strecke erschien mir unendlich lang. Ich parkierte direkt vor dem Eingang. Dass ich im Parkverbot stand, war mir egal. Auch, dass ich das Dach gekippt ließ, obwohl sich der Himmel wegen eines bevorstehenden Gewitters bedenklich schwarz färbte, interessierte mich nicht. Nur schnell ins Krankenhaus, da würden sie mir helfen.

In der Aufnahme wartete man bereits auf mich. Unverzüglich wurde ich an die Infusion gehängt und man verabreichte mir Kortison in hohen Dosen, um die allergische Reaktion zu mildern. Ich wurde auf die Station in ein Zimmer gebracht. Am Abend gaben die Ärzte Entwarnung. Kein Rückfall, kein Lyell-Syndrom. Lediglich eine starke allergische Reaktion auf das Schmerzmittel. Aber ich würde einige Tage bleiben müssen, bis sich mein Zustand stabilisierte. Noch am gleichen Abend schaute Dr. Shanti vorbei. Man hatte ihm mitgeteilt, dass ich auf Station war. Er wollte sehen, wie es mir ging und er sprach mir Mut zu.

Kurz darauf eröffnete mir ein anderer Arzt, dass man sämtliche Testreihen abbrechen wolle, das Risiko sei viel zu hoch. Ich reagiere derart stark und unvorhersehbar, dass ein weiteres Testen unverantwortlich sei.

„Und was ist, wenn ich mal Medikamente brauche, wenn ich einen Unfall habe oder ein Antibiotikum brauche?", wollte ich wissen.

Der Arzt schaute mich an, zuckte mit den Schultern. Darauf hatte er keine Antwort.

Für mich brach eine Welt zusammen. Bis zum jetzigen Zeitpunkt war ich davon ausgegangen, dass ich diese Malariaprophylaxe nie mehr nehmen würde und dass damit das Problem aus der Welt geschafft wäre. Nun wurde mir klar, dass mein Körper aber auch auf andere Substanzen reagierte. Ich war vollkommen verzweifelt, merkte, wie ich langsam hysterisch wurde.

Ich rief meinen Freund an. Ich schluchzte, brachte kaum einen vollständigen Satz heraus. Es dauerte lange, bis ich mich so weit gefasst hatte, dass ich wieder klare Sätze bilden konnte. Mein Freund versuchte, mich zu beruhigen. Da gäbe es bestimmt andere Möglichkeiten. Am Schluss des Telefonats bat ich ihn, mir doch einige Sachen zu bringen. In meiner Aufregung hatte ich ja nicht daran gedacht, etwas mitzunehmen, und außerdem stand mein Auto immer noch im Parkverbot.

Er könne heute nicht, meinte er. Er habe sich bereits mit einem Freund zum Essen verabredet. Überhaupt wirkte er schlagartig sehr kurz angebunden. Er habe jetzt keine Zeit. Ich war sprachlos. Das Treffen mit seinem Freund fand quasi um die Ecke statt. Es wäre also ein Leichtes gewesen, schnell vorbeizuschauen und mein Auto zu holen. Meine Mutter ist dann mit dem Zug zu mir gefahren und hat das Ganze für ihn erledigt. In der Woche, in der ich bleiben musste, hat er mich kein einziges Mal besucht. Er habe so viel zu tun, hieß es. Und doch bin ich wieder zu ihm zurück. Wo hätte ich auch sonst hingehen sollen.

Ich versank wieder tief ins Grau meines Alltags. Mit dem Unterschied, dass ich nun eine Psychotherapie verschrieben bekommen hatte. Ich schaffte es nicht mehr alleine aus dem Sumpf, der mich verschluckt hatte. Regelmäßig suchte ich Dr. Genovese auf. Ein junger, sympathischer Psychiater mit einer schwarzen Hornbrille. Er war sehr geduldig, drängte mich nie zu etwas. Über meine Gefühle zu sprechen war schwierig, da ich sie eigentlich gar nicht mehr spürte. Irgendwie waren sie tief in mir drinnen unter den Trümmern meiner eingestürzten kleinen Welt verschüttet. Ich musste tief graben, um sie wieder zu entdecken, um sie dann langsam erneut als die meinen anzuerkennen und anzunehmen.

Dr. Genovese half mir, wieder Strukturen in mein Leben zu bringen. Ganz einfache Dinge, ein geregelter Tagesablauf zum Beispiel. Aufstehen am Morgen, duschen, anziehen, regelmäßige Mahlzeiten und viele Spaziergänge in der Natur.

Ich fing an zu lesen, verschlang in dieser Zeit haufenweise Bücher. An einem Nachmittag machte ich mich auf die Suche nach einem neuen Buch. Ich stöberte im Bücherregal meines Freunds, um eine neue Lektüre zu finden. Plötzlich fiel ein Brief auf den Boden, der einfach lose zwischen die Bücher gesteckt worden war. Ich hob ihn auf, wollte ihn gleich wieder zurücklegen, warf aber einen flüchtigen Blick darauf. Es war eine Frauenhandschrift, fein und säuberlich. Mein Blick fiel auf das Datum des Briefes. Er war in der Zeit geschrieben worden, als ich auf der Intensivstation um mein Leben gekämpft hatte. Ich setzte mich mit dem Rücken an die Wand gelehnt auf den Boden und begann zu lesen. Ich weiß, dass man Briefe eines anderen nicht liest, aber ich konnte nicht anders.

„Lieber Mike ..." Je weiter ich las, desto mehr verschwammen die einzelnen Worte vor meinen Augen ... *Danke für den wundervollen Abend und die einzigartige Nacht ... nie vergessen werde ... Hoffe, dass wir das bald wiederholen können ...*

Der Name, mit dem der Brief endete, sagte mir nichts. Ich kannte die Frau, die sich bei meinem Freund für die schönen geteilten Stunden bedankte, nicht. Ich war fassungslos, löste mich vollkommen auf. Und ich schämte mich, schämte mich dafür, dass ich es nicht wert war, dass er auf mich wartete, nicht einmal ein paar Wochen. Die Tränen liefen. All das, was ich die letzten Wochen zurückgehalten hatte, brach aus mir heraus. Die Verletzungen, die Demütigungen, die Angst, die Verzweiflung, die Hoffnungslosigkeit. Es war, als hätte man eine Pforte geöffnet, durch die nun all die eingesperrten Gefühle herausdrängten. Dann saß ich einfach nur da. Merkte, wie die Sonne sich langsam rot färbte.

Mit einem Mal schreckte ich auf. Was war das für ein Geräusch?

Ein grelles, helles Pfeifen, untermalt von einer Art Gebrüll wie von einem wilden Tier. Was war das? Ich konnte das Geräusch nicht zuordnen, lief durch die Wohnung nach hinten ins Schlafzimmer, wo der Lärm am deutlichsten wahrnehmbar war. Er kam aus der Nachbarswohnung. Da stimmte etwas nicht. Ich rannte durch die Räume, öffnete die Tür und stand vor dem Eingang der Wohnung unserer Nachbarn. Ich blieb kurz stehen und lauschte. Eindeutig! Das markdurchdringende Pfeifen war jetzt ganz deutlich zu hören. Ich läutete kurz, zögerte aber nicht lange, als ich keinerlei Reaktion erhielt. Ich öffnete die Tür und betrat die fremde Wohnung.

Das Pfeifen kam aus der Küche. Ein Wasserkocher stand auf der Herdplatte und schien kurz vor dem Explodieren. Schnell schob ich ihn zur Seite und drehte die Herdplatte aus. Sofort verstummte das Pfeifen. Das laute Gebrüll blieb.

Vorsichtig bewegte ich mich durch das Wohnzimmer auf das hintere Schlafzimmer zu. Ich fühlte mich unwohl in der fremden Wohnung und wusste nicht, was da hinten los war.

Da lag er, unser Nachbar. In einem Spitalbett von diversen Geräten umringt. Ich wusste, dass er krank war, dass er an

Multipler Sklerose litt. Dass es aber so schlimm um ihn stand, hatte ich nicht gewusst. Ich hatte ihn schon lange nicht mehr gesehen. Mit weit aufgerissenen Augen, wild mit den Armen rudernd, lag er im Bett. Der Schlauch, der ihm im Gesicht lag, um ihn zu beatmen, war verrutscht. Als er mich sah, verstummte er augenblicklich. Schwer atmend lag er da. Sein ganzer Körper bebte vor Angst. Seine Krankheit war mittlerweile so stark fortgeschritten, dass er nicht mehr sprechen konnte. Er brachte nur noch kehlige Laute hervor. Ich schob den Beatmungsschlauch wieder zurecht, nahm seine Hand und versuchte ihn zu beruhigen.

„Alles ist gut!", redete ich ruhig auf ihn ein. „Es war nur das Wasser auf dem Kochherd. Alles ist gut."

Langsam beruhigte er sich wieder, sein Atem wurde flacher. Er blickte mir unentwegt in die Augen, fixierte mich regelrecht, wie wenn er mir etwas zu sagen versuchte. Dann kam seine Frau nach Hause. Bestürzt kam sie ins Schlafzimmer. Sie war nur schnell etwas einkaufen gegangen und hatte vergessen, dass sie das Teewasser aufgesetzt hatte. Sie bedankte sich immer wieder bei mir und tätschelte die Hand ihres Mannes, der nur noch auf seine Frau fixiert war. Nun war sie da, er wurde ganz ruhig und in seinem Blick lag so unendlich viel Liebe für diese Frau, die sich so hingebungsvoll um ihn kümmerte.

Ich ging zurück in unsere Wohnung, nahm den Brief und steckte ihn wieder zurück ins Regal zwischen die Bücher. Ich habe nie mit jemandem über diesen Brief gesprochen, nicht einmal mit meinem Psychiater.

Durch mich ging jedoch ein Ruck nach diesem Erlebnis mit meinem Nachbarn. Ich spürte so etwas wie eine sich aufbäumende Kraft in mir. So grotesk es klingt, aber zu sehen, wie schlecht es ihm ging, wie weit seine Krankheit unaufhaltsam fortgeschritten war, gab mir die Kraft, aufzustehen. Ich war noch jung, ich hatte mein ganzes Leben noch vor mir. Ich würde das schaffen, ich wollte leben!

Dr. Genovese freute sich sehr über diese Entwicklung. Nun gelang es mir auch, über meine Beziehung zu sprechen, zu erzählen, wie es mir dabei ging. Ich realisierte, dass mein Freund nicht mich als Menschen liebte, sondern das, was ich darstellte beziehungsweise dargestellt hatte. Er hatte mich auf mein Äußeres reduziert. Ich war attraktiv, dynamisch und mit meinem bald abgeschlossenen Jurastudium ein Vorzeigeobjekt gewesen. Mit meiner Krankheit war dies alles verloren gegangen. Ich war äußerlich nicht mehr die Frau, die ich mal war, und würde es wohl auch nie mehr werden. Auch innerlich hatte ich mich verändert. All das, was ich einmal für wichtig und erstrebenswert gehalten hatte, war für mich unwichtig geworden. Und mit dieser Veränderung konnte er nicht umgehen, damit wurde er nicht fertig. Er war derselbe geblieben.

Für ihn war alles bestimmt nicht einfach. Für alle nicht, die mich in dieser Zeit begleiteten. Vermutlich wäre es wichtig gewesen, alle Beteiligten therapeutisch zu begleiten. Leider unterschätzt man das häufig. Heute wird, soviel ich weiß, für die Angehörigen mehr getan.

Mike schaffte es nicht zu gehen, dafür fehlte ihm der Mut. Er teilte mir mit, dass er für zwei Wochen in die Ferien wollte. Er habe es dringend nötig, alles drehe sich nur noch um mich, für ihn sei kein Platz mehr. Das war der Moment, als ich ging. Als er aus den Ferien zurückkam, hatte ich meine Sachen gepackt und war wieder zu meinen Eltern gezogen.

Viele Leute haben mich gefragt, was denn das Schlimmste an meiner Krankheit gewesen sei. Die meisten denken, dass es die Zeit im Krankenhaus war. Nein, für mich war es die Zeit, als die Beziehung mit meinem Freund zu Ende ging. Da ging mein ganzes Menschenbild kaputt. Alles, woran ich glaubte, stürzte ein. Im Krankenhaus ging es darum, die Zähne zusammenzubeißen, zu kämpfen. Darin war ich gut. Bei dem, was nachher kam, half das Kämpfen nichts. Ich versuchte lange zu verstehen, weshalb er so handelte. Ich hätte es verstanden, wenn er sich vor mich gestellt und mir gesagt hätte: „Ich pack das nicht!"

Keiner konnte mir Garantien geben, konnte mir sagen, wie sich mein Gesundheitszustand entwickelte. Ich hätte verstanden, wenn er sich mit seinen jungen Jahren dazu nicht imstande sah. Aber die Art und Weise, wie er mich Stück um Stück erniedrigte, die verstand ich nicht. Irgendwann später habe ich realisiert, dass man nicht immer für alles Verständnis haben muss. Es war einfach schlichtweg nicht in Ordnung, wie er sich verhalten hat.

Es ist schwer zu verstehen, wie ich mich damals verhalten habe. Immer und immer wieder ließ ich es zu, dass ich erniedrigt wurde. Aus meiner heutigen Verfassung heraus kann ich es kaum nachvollziehen. Damals konnte ich mich einfach nicht wehren. Die Kraft und das nötige Selbstbewusstsein fehlten mir.

Als ich dann endlich wieder klar denken konnte, schwor ich mir, dass mich niemand mehr so verletzen würde.

Solche Glaubenssätze mögen in der Situation, in der sie entstehen, richtig, sogar notwendig sein. Sie mögen einem helfen weiterzumachen, Schritt für Schritt, um wieder festen Boden unter den Füßen zu gewinnen. Später können sie jedoch hinderlich sein, weil sie nicht mehr adäquat sind. So wie Kleider, die man sich mal zugelegt hat und die dir später einfach nicht mehr passen. Und dennoch zwängst du dich hinein, merkst, dass es überall klemmt und dich blockiert. Denn in dem Satz war auch die Tatsache involviert, dass ich nie mehr jemanden so lieben wollte. Denn Liebe macht verletzlich, das war die Lektion, die ich glaubte, gelernt zu haben. Ich verschloss meine Liebe und es war schwierig, sie wieder frei werden zu lassen.

Irgendwann später habe ich Mike mal auf einer Silvesterparty getroffen. Es war ein gutes Gefühl zu merken, dass mein Herz keinen Aussetzer machte, wenn ich ihn sah. In einer ruhigen Minute habe ich ihm dann erzählt, wie ich mich damals gefühlt hatte. Es tat gut, mir die Stimme zu geben, die mir damals versagte.

Er hörte mir stumm zu, mit Tränen in den Augen. Ich konnte ihm alles erzählen, ohne dass es mich mitnahm, ohne dass ich in Tränen ausbrechen musste. Alles in mir war ruhig. Da wusste ich: Ich war über ihn hinweg. Und das war ein gutes Gefühl, ein Gefühl der Freiheit.

17
Auf zu neuen Ufern

„Das ist meiner!", schrie der Junge und warf seinen Rucksack mit einem Rums auf die Sitzbank und breitete all seine Habseligkeiten im ganzen Abteil aus, um seine Platzansprüche geltend zu machen.

Eine Schar von Kindern stürmte hinter dem Jungen her und machte es ihm gleich. Nachdem das Gerangel um die Plätze vorüber war, ertönte lautes, munteres Geschnatter. Brötchen wurden ausgepackt, Süßigkeiten ausgetauscht, Karten gespielt. Es herrschte eine heitere, gelassene Stimmung unter den Schülern. Einige von ihnen packten ihre Fundstücke aus, die sie während ihrer Schülerreise ergattert hatten. Ein glitzriger Stein, eine Vogelfeder, ein kleiner Tannzapfen. Und überall glänzende Kinderaugen in zufriedenen Gesichtern. Der ganze Zugwaggon, der zuvor noch totenstill gewesen war, sprudelte vor der prallen Lebensfreude der Kinder beinahe über.

„Wieso bist du eigentlich nicht Lehrerin geworden?", schoss es mir auf einmal durch den Kopf, während ich dem bunten Treiben zuschaute.

Ich hatte als Kind schon früh gewusst, dass ich später einmal Lehrerin werden wollte. Gut, zugegeben. Zuerst wollte ich Kioskfrau werden, weil man da immer an der Quelle ist und so viele Süßigkeiten in sich reinstopfen kann, wie man will. Aber dann war schnell klar: Ich werde Lehrerin. Das blieb lange so. Irgendwann muss es aber unter meinen elitären Berufswünschen untergegangen sein. Lehrerin, das stellte doch nichts dar. Es musste etwas Besseres her. Was genau, wusste ich allerdings nicht so recht.

Mein Maturazeugnis schien keine klare Stärke aufzuzeigen, wie ich meinte. Man muss dazu sagen, dass ich eine gute, in den Sprachen sogar überdurchschnittlich gute Schülerin gewesen bin.

Außer in den mathematischen Fächern, da war ich eine echte Flasche. Alles, was mit Zahlen zu tun hatte, war seit jeher der Horror gewesen. Insofern war schon mal klar, dass mein Berufswunsch rein gar nichts mit Mathematik zu tun haben durfte.

„Was soll ich bloß werden?", meinte ich unglücklich zu meiner Mutter.

„Ich habe überall nur Fünfer. So richtig gut bin ich nirgends!"

Meine Mutter schüttelte bloß verständnislos den Kopf.

„Ich weiß gar nicht, was du hast. Du hast doch ein wunderbares Zeugnis!"

Na ja, dachte ich. Gut, aber eben nicht gut genug. Ich war schon immer eine fleißige Schülerin gewesen. Ich ging gerne in die Schule, aber geschenkt wurde mir nichts. Ich lernte viel und ausdauernd. Dabei ging der Ehrgeiz aber des Öfteren über das gesunde Maß hinaus. Nie war ich zufrieden mit dem, was ich erreichte. Ich legte die Latte immer höher und höher, und auch wenn ich mein Ziel erreichte, so blieb eine echte Befriedigung aus.

Journalismus oder etwas mit Schreiben hätte ich auch gerne gemacht, aber ein reines Germanistik-Studium erschien mir zu öde. Zuletzt fiel meine Berufswahl mangels besserer Alternative eher unmotiviert aus. Ich studierte einfach das, was mein damaliger Freund studierte. Jura, das Sprungbrett für alles, dachte ich mir. Da die Rechtswissenschaft ein breit gefächertes Grundstudium aufwies, das von Römischem Recht über zivilgesetzliche Fragen, Staatsrecht, Strafrecht bis hin zu wirtschaftlichem Grundwissen in Betriebswirtschaft und Volkswirtschaft reichte, wurde mein großer Wissensdurst bestens bedient. Ich kniete mich mit Feuereifer ins Studium. Strafrecht war mein absolutes Lieblingsfach.

Die Zwischenprüfung war ganz schön happig. Ich glaube, ich habe noch nie so viel gebüffelt wie für diese Prüfung. Immerhin geisterte unter den Studenten das Gerücht von exorbitant hohen Durchfallquoten. Das viele Lernen wurde belohnt und ich bestand die Prüfung.

Dann verflog mein Elan. Das Eintauchen in die zunehmend trockene Materie der Jurisprudenz ließ meinen Eifer ersticken.

Es fiel mir schwer, mich zu motivieren. Da es mir da nicht viel anders erging als den meisten meiner Mitstudenten, schrieb ich dies einer momentanen Erschöpfung, die nach der ganzen Paukerei ganz normal war, zu. Was mich aber immer mehr erschreckte, war die Tatsache, dass Recht nicht immer zwangsläufig mit Gerechtigkeit einhergehen muss. In vielem deckte sich mein Gerechtigkeitssinn nicht mit der gängigen Rechtsprechung.

Auch lernte ich die Klientel des Jus-Studiums als egoistisch kennen. Da war sich jeder selbst der Nächste. Ellbogen wurden ausgefahren und ohne große Skrupel eingesetzt, wenn es darum ging, in den verschiedenen Fallbearbeitungen gut abzuschneiden. Von Hilfsbereitschaft war da wenig zu spüren. Die Gruppe der Studis, die sich austauschte und sich gegenseitig half, war eher klein. Ich tat mich sehr schwer damit. Aber aufgeben, nachdem ich so hart gearbeitet hatte, das kam nicht infrage. Da musste ich eben durch.

Meine Krankheit zwang mich zu einem Time-out. Je länger ich dem Studium fernblieb, desto weniger konnte ich mir vorstellen, wieder einzusteigen.

Sobald ich nach meinem Erlebnis mit den Schülern auf Klassenfahrt wieder zu Hause war, klemmte ich mich ans Telefon, um in Erfahrung zu bringen, wie die Ausbildung zur Lehrerin aussah. Zu meiner Ernüchterung musste ich feststellen, dass mir gar nichts von meinem Jura-Studium angerechnet würde. Ich müsste noch einmal ganz bei null anfangen. Das schaffte ich nur mit der finanziellen Unterstützung meiner Eltern, die sich sofort einverstanden erklärten. Mein Vater hatte eh nie verstehen können, weshalb ich mich in die Rechtswissenschaft verirrt hatte.

Mein Entschluss stand fest: Jetzt werde ich Lehrerin!

Gerade mal um zwei Wochen verpasste ich die Anmeldefrist und musste ein weiteres halbes Jahr warten. Im Nachhinein war das jedoch gut so. Ich hätte es körperlich noch nicht geschafft.

In der Zwischenzeit nahm ich meinen Nebenjob beim Schweizer Fernsehen wieder auf, den ich schon vor meiner Asienreise gehabt hatte. So hatte ich die Möglichkeit, ein bisschen Geld zu verdienen und wieder unter die Leute zu kommen. Ich arbeitete für die Tagesschau und das Magazin 10vor10. Als Teleprompterin war ich verantwortlich für die Untertitel und die Schlagzeileneinblendung. Da es sich um Live-Sendungen handelte, konnte es manchmal ganz schön drunter und drüber gehen.

Im Normalfall bereitet man die schriftlichen Einblender vor der Sendung vor und speichert sie, sodass man sie während der Sendung einfach abrufen kann. Leider werden manchmal Beiträge erst kurz vor der Sendung fertig oder sogar erst, während die Tagesschau schon über den Bildschirm flimmert. Dann heißt es, Nerven behalten. Die fehlenden Einblender müssen dann in kurzen Sequenzen dazwischen geschrieben werden. Wird ein Text eingeblendet, dann ist man quasi live online und kann nicht schreiben, da die Zuschauer das auf ihren Bildschirmen sehen würden. Es bleiben also nur wenige Sekunden.

Spannend wird es dann, wenn die im Beitrag vorkommenden Personen spezielle Namen haben, die noch mit besonderen Schlenkern auf den Buchstaben verziert sind. Dann wird's schwierig, denn die Tastatur muss zusätzlich noch umgestellt werden. Am Anfang war das eine ganze schöne Zerreißprobe für mich, aber auch eine gute Übung, mein Konzentrationsvermögen wieder zu trainieren.

Den größten Lapsus leistete ich mir allerdings nicht während einer Sendung. Eines Tages schlich ein kleiner, schüchterner Mann in den Redaktionsräumen herum. Der Umgangston unter den Mitarbeitern war stets locker und man war mit allen im Haus, ob man sie nun persönlich kannte oder nicht, per Du. Umso mehr wunderte es mich, dass sich niemand um den armen Mann kümmerte. Der muss wohl neu sein, dachte ich mir und beobachtete ihn noch eine ganze Weile. Er sah so richtig verloren aus und er tat mir leid. Ich fasste mir ein Herz und steuerte schnurstracks auf ihn zu, streckte ihm meine Hand entgegen und begrüßte ihn mit einem warmen Lächeln: „Hallo! Ich heiße Sandra. Bist du neu hier?"

Er schaute mich völlig entgeistert an, versteifte sich augenblicklich und streckte mir seine Hand entgegen.

„Stampfli ist mein Name. Hans Stampfli", antwortete er barsch. Dann drehte er sich auf seinem Absatz um und rauschte augenblicklich aus dem Raum.

Weg war er. Einige Sekunden herrschte Totenstille. Es war, als wäre die gesamte Redaktion zum Erliegen gekommen. Dann prusteten alle auf einmal los, konnten sich kaum noch halten. Langsam dämmerte mir, dass ich da ganz schön ins Fettnäpfchen getreten war. Ich hatte doch tatsächlich den Fernsehdirektor persönlich geduzt. Wohl die einzige Person im ganzen Haus, bei der es unangebracht war. Ich merkte, wie mir die Hitze in die Wangen stieg. Mensch, das hätte mir auch einer mal vorher sagen können.

Bald war das halbe Jahr um. Der Beginn des Studiums stand bevor. Ich freute mich irre, endlich wieder so richtig was zu machen, zu lernen, mit Menschen in Kontakt zu kommen. Gespannt wie ein Flitzebogen saß ich in der ersten Stunde. Es war alles so aufregend. Ich sog alles wie ein Schwamm in mich hinein. Im Gegensatz zu meinen Kommilitonen fand ich alles spannend und cool. Ich konnte ihre ständige Motzerei und ihre Langeweile gar nicht verstehen. Seit Langem hatte ich wieder eine Aufgabe, die mir ausgesprochen viel Spaß machte.

Das erste Jahr, das sogenannte Grundstudium, bei welchem man auf allen Stufen der Volksschule, also sowohl in der Primar- als auch in der Oberstufe unterrichtet, verlief ohne größere Schwierigkeiten. Eigentlich hatte ich mir vorgestellt, dass ich lieber mit den jüngeren Kindern zusammenarbeiten wollte. Doch es stellte sich heraus, dass mich die Stufe der Pubertierenden mehr herausforderte und reizte. Hier konnte ich auch fachlich meinen Wissensdurst stillen und konnte meiner Liebe zu den Sprachen nachgehen.

Ich entschied mich für die Ausbildung zur Sekundarlehrerin mit sprachlich historischer Ausrichtung. Dies bedingte einen Wechsel an die Universität. Nebst lehrerspezifischen Vorlesungen besuchte ich auch die regulären Studiengänge der Historiker und der Linguisten.

Die intellektuellen Fächer waren kein Problem. Als Lehrer absolviert man jedoch auch eine Sportausbildung. Hier stieß ich bald einmal an meine körperlichen Grenzen. Im Wintersemester hatten wir Geräteturnen. Gewisse Übungen am Reck, den Ringen und am Boden waren Pflicht. Aber so sehr ich mich auch bemühte, ich hatte einfach nicht genug Kraft. Beim Handstand sackten meine Arme einfach unter mir weg. An den Ringen konnte ich mich kaum halten und am Reck schaffte ich es gerade in eine Stütze. Von zusätzlichem Schwingen und elegantem Abgang konnte keine Rede sein. Mir taten sämtliche Muskeln weh, ich war völlig verspannt.

Der Physiotherapeut verpasste mir ein paar Wärmepackungen und knetete mich so richtig durch. Klar, es wäre ein Leichtes gewesen, mich vom Sport dispensieren zu lassen. Aber das wollte ich auf keinen Fall. So schnell aufzugeben, war nicht mein Stil. Ich wollte es zumindest probieren. Ich startete ein gezieltes Krafttraining. Ich trainierte hart und regelmäßig. Meine Muskeln nahmen sich jedoch wenig davon an.

Früher war ich immer in die Muckibude gegangen, hatte meine Muskeln mit Leichtigkeit in Form gebracht. Nun wollte so gar kein Muskelzuwachs her. Ganz, ganz langsam nahm ich an Kraft zu und schaffte mit Ach und Krach die Prüfung im Geräteturnen. Damit war ich aber noch lange nicht durch. Die nächste Hürde stellte sich mir in den Weg.

Im Sommersemester sollten wir einen Crosslauf absolvieren. Seit meiner Krankheit hatte ich einen enorm hohen Ruhepuls. Strengte ich mich nur ein bisschen an, so schnellte mein Puls locker auf eine Marke von 220 Schlägen pro Minute. Ein bisschen hüpfen und meine Pumpe hämmerte, als wäre ich im Schweinsgalopp über eine Wiese gerannt. Ich hörte das Blut in meinen Ohren rauschen und mein Herz klopfte so stark, dass es mir die Brust zu sprengen drohte.

Ich konnte durchaus über kurze Zeit so trainieren, dass das aber auf längere Zeit nicht gesund ist, versteht sich von selbst. Bei körperlicher Anstrengung übersäuerten meine Muskeln sofort und ich fühlte mich noch am nächsten Tag wie gerädert. Nichtsdestotrotz fing ich mit dem Lauftraining an. Ich kaufte mir einen Pulsmesser. Sobald der Puls über 160 Schläge pro Minute ging, fing das Ding an zu pfeifen und ich wechselte in einen gemütlichen Spaziermodus. Am Anfang ertönte das Warnsignal schon nach einigen Metern. Ich schleppte mich keuchend und pfeifend durch den Wald. Die entgegenkommenden Jogger schenkten mir einen mitleidigen Blick, während sie locker an mir vorbeizogen und mir deutlich machten, dass ich im Schneckentempo unterwegs war.

Es dauerte eine ganze Weile, bis ich es schaffte, eine Minute am Stück zu laufen. Ich war stolz wie Oskar. Zu einem ununterbrochenen Lauf von rund zwanzig Minuten war es noch ein langer Weg. Ich ließ mich nicht entmutigen, trabte alle zwei Tage durch die Gegend. Und auf einmal, ich konnte es selbst nicht glauben, schaffte ich eine halbe Stunde am Stück.

Dann war es so weit. An einem Abend unter der Woche war der Termin für den Crosslauf angesetzt. Man hatte den Start auf den frühen Abend gelegt, da es mitten im Sommer am Nachmittag zu heiß gewesen wäre.

Es war ein heißer, schwüler Sommerabend. Die Hoffnung, dass sich die Temperatur noch senken würde, zerschlug sich. Im Gegenteil es wurde immer drückender. Die Luft war stickig und so dick, dass man sie hätte schneiden können. Die Ozonwerte lagen weit über den der Gesundheit zuträglichen Werten. Schon ohne dass man sich nur ein bisschen bewegte, war man schweißgebadet und das T-Shirt klebte an einem wie eine zweite Haut.

Ich stand hinter der Startlinie. Bald war es so weit. Mein Herz schlug mir bis zum Hals, der Puls pochte in meinen Schläfen. Ein Blick auf meinen Pulsmesser bestätigte meinen Verdacht: 180! Und dabei stand ich bloß da, wartete auf den Startschuss. Nach einem lauten Knall setzte sich die Meute in Bewegung. Alle trabten locker an mir vorbei, was mich keineswegs überraschte. Damit hatte ich gerechnet. Ich musste einfach mein Tempo machen, egal, wie die anderen liefen. Mein Puls hüpfte bereits auf den ersten Metern auf 220. Das Pfeifen ignorierte ich einfach.

Nach zehn Minuten wurde mir langsam schwindlig. Meine Beine brannten erst wie Feuer und wurden dann butterweich und drohten unter mir wegzuknicken. Ich lief weiter. Ich hatte nicht so hart trainiert, um jetzt aufzugeben. Der kalte Schweiß, der mich überzog, ließ mich trotz der Bullenhitze frieren. Die Welt um mich herum begann sich zu drehen, die Bilder verschwammen vor meinen Augen. Ich spürte, wie sich die Übelkeit zuerst in der Magengegend formierte, um sich dann Richtung Kehle vorzuarbeiten. Ich schaffte es gerade noch, von der Tartanbahn runterzukommen, und mich hinter einen Busch zu schlagen, wo ich mich übergeben musste.

Es ging einfach nicht. Ich kämpfte gegen die aufkommenden Tränen. Alles war umsonst gewesen. Die ganze blöde Rennerei, jeder einzelne Schweißtropfen. Ich schaffte es nicht, ich musste aufgeben. Ich brauchte einige Minuten, bis ich mich auf den Weg zur Startlinie machen konnte. Ich konnte mich kaum auf den Beinen halten.

Mit versteinerter Miene stand er da, Urs, der Leiter der Sportabteilung und kontrollierte, dass beim Crosslauf alles mit rechten Dingen zu- und herging. Er war der Einzige, den man in unserer Ausbildung mit dem Vornamen ansprechen durfte. Schließlich ist man ja cool und als Sportlehrer näher dran an den Studis. Aber er war bekannt für seinen rüden militärischen Umgangston. Die absoluten Topsportler kamen gut mit ihm aus, sie hatten seine Anerkennung sicher. Leider gehörte ich nicht zu ihnen, die Zeiten des Leistungssports gehörten der Vergangenheit an.

Kreidebleich und kleinlaut erklärte ich ihm meine Situation. Ich hatte bis dahin nichts mit ihm zu tun gehabt, da ich andere Kursleiter hatte. Er runzelte die Stirn und hielt mir eine Standpauke, die sich gewaschen hatte. Mein Vorgehen sei absolut inakzeptabel, ich hätte den Dienstweg nicht eingehalten. Ich hätte ihn vorher informieren, mir ein Arztzeugnis besorgen müssen, das mich dispensiert hätte. Es erst zu versuchen und es nicht zu schaffen, sei unerhört. Sein langer Schnurrbart wippte heftig auf und ab. Er wurde puterrot, konnte sich kaum noch beruhigen. Mir kam es vor, als stünde ich vor Gericht und hätte mich für ein Schwerstverbrechen zu verantworten. Dabei hatte ich es doch nur versuchen wollen, hatte meine Krankheit nicht vorschieben wollen. Fassungslos stand ich vor ihm.

Er beendete seine Schimpftirade mit den Worten: „Sie sind raus aus der Sportausbildung! Disqualifiziert!"

Schluss, Ende, Punkt! Kein Crosslauf, kein Diplom für die Sportprüfung. Und ohne Sportprüfung kein Lehrerdiplom. Ob ein bestandener Crosslauf einen Unterschied gemacht hätte, ob ich als Lehrerin, insbesondere Sportlehrerin, taugte, wagte ich zu bezweifeln. Ich kann mich auf jeden Fall nicht daran erinnern, dass während meiner gesamten Schulzeit je ein Lehrer mit uns die zu laufenden Runden gedreht hat. Aber an seinem Entschluss war nichts zu rütteln.

Das bedeutete für mich nicht das Aus der Lehrerausbildung, zog aber die Konsequenz nach sich, dass ich nach drei Semestern noch mit dem Musikstudium beginnen musste, das man alternativ besuchen konnte. Nun ist dazu zu sagen, dass ich wohl der unmusikalischste auf der Welt wandelnde Mensch bin.

Ich hatte schon meinen Flötenlehrer zu Beginn meines Studiums im obligatorischen Instrumentalunterricht fast in den Wahnsinn getrieben.

Als Lehrer muss man des Spielens eines Instrumentes mächtig sein. Aus diesem Grunde hatte ich, mit rund 25 Jahren, das erste Mal eine Blockflöte in der Hand gehalten. Von da an quälte ich mich und meine Umgebung mit den schrägsten Tönen, die man diesem Holzknebel wohl entlocken konnte. Ich war absolut talentfrei. Am Anfang setzte ich die Flöte mit der Sturmflut an Spucke, die sich in meinem Mund zusammenbraute, unter Wasser. Meine Finger waren so verkrampft, als wären sie durch eine grobe Arthritis außer Gefecht gesetzt worden. Mein Flötenlehrer, Herr Papadopoulos, ein sonst sehr umgänglicher Grieche, begrüßte mich stets mit einem tiefen Seufzer, um dann bald in nervöses Gezappel zu verfallen. Ich glaube, es kostete ihn enorme Anstrengung, nicht vor meinen musikalischen Ergüssen, die sich lautstark in quietschenden, schrägen Tönen artikulierten, zu flüchten. Mit den Nerven am Ende stürzte er sich nach jeder durchlittenen Lektion auf den kleinen Balkon, um seine Zigarette regelrecht zu inhalieren. Wenn er so an seinem Glimmstängel sog, glaubte ich ihm fast seine Aussage, dass ich ihn noch einmal ins Grab brächte.

Später einmal musste ich aus lauter Gemeinheit meiner Freundinnen an meinem Polterabend meine Flötenkünste in einem zum Bersten gefüllten Pub zum Besten geben. Ich bekam eine Menge Geld. Nicht etwa, weil ich so gut spielte, sondern weil die Leute mich regelrecht mit Geld bewarfen, damit ich endlich dem Grauen, das aus der Flöte kam, ein Ende bereitete.

Die Instrumentalprüfung schaffte ich nur mit viel Wohlwollen des Leiters der Musikabteilung. Als es auf die Schlussprüfung zuging und meine Finger kaum mehr an filigraner Beweglichkeit auf der Blockflöte gewonnen hatten, sah ich mich der ernsten Gefahr gegenüber, dass ich hochkant durchfallen würde. Ich wusste mir nicht anders zu helfen, als dass ich bei jenem besagten Leiter, Herrn Bärtschi, antrabte. Ich legte ihm mein aus 30 Stücken bestehendes Programm vor und fragte ihn, welches dieser Stücke ihm denn besonders gefallen würde. Er konnte sich ein Grinsen nicht verkneifen, blätterte kurz durch und zeigte beiläufig auf drei Etüden: „Das find ich schön und dies und das", meinte er. „Wobei ich damit nicht gesagt habe, dass die auch tatsächlich geprüft werden", schloss er augenzwinkernd.

Anders als andere Herren an der Universität sah er die Maßstäbe dafür, was die Qualität eines Lehrers ausmachte, in anderen Relationen. Und wir beide wussten insgeheim, dass ich es meinen zukünftigen Klassen nie antun würde, sie mit meinem Flötenspiel zu foltern. Das wäre unmenschlich gewesen.

Ich setzte also alles auf eine Karte und lernte genau diese drei Stücke, bis ich sie aus dem Effeff beherrschte. Bleibt zu sagen, dass ich die Stücke alle zwei Mal spielen musste, da sie einfach zu kurz waren. Der beisitzende Experte war ziemlich konsterniert. Doch Herr Bärtschi ignorierte seinen fragenden Blick standhaft.

Nun saß ich also in einem Raum mit lauter Musikprofis. Eine Tontaube unter Musikcracks. Und mit Tontaube meine ich nicht etwa die Dinger, die man in die Luft katapultiert, um sie anschließend abzuschießen. Damit meine ich mich. Während so einige um mich versammelt waren, die ein absolutes Gehör hatten, war ich wohl die einzige Anwesende, die nicht in der Lage war, bei zwei gespielten Tönen auf dem Klavier zu sagen, welcher von den beiden nun der höhere war. Klar, wenn man auf der linken Seite des Pianos und auf der gegenüberliegenden rechten Seite eine Taste drückt, steigt auch meine Trefferquote enorm. Alle spielten von klein auf ein Instrument, spielten sogar in einer Band oder konnten fantastisch singen. Ich konnte weder das eine noch das andere.

Meine einzigen Verirrungen bezüglich Gesang unternahm ich in meiner Kindheit, als ich glaubte, gut zu singen, und dem Kirchenchor beitrat. Ich trällerte munter vor mich hin, bis ich eines Tages solo vor den anderen singen musste. Da fiel mir zum ersten Mal auf, dass meine Stimme klang wie ein leerer Blecheimer. Das war dann auch das Ende meiner Gesangskarriere. Heute würde ich bei den zahllosen Castings unter der Sparte „Leider nein!" laufen und für Lacher sorgen, aber zum Glück habe ich ja selbst früh gemerkt, dass mir das Singen nicht in die Wiege gelegt worden war.

Nun saß ich da, hörte mir Begriffe wie Oktaven, transformieren, Quarten, Harmonien und sonst noch so vieles an, von dem ich kein Wort verstand. Ich schaute verzweifelt auf den Sekundenzeiger meiner Uhr, der sich im Schneckentempo bewegte. Jemand musste ihn mit Kleber befestigt haben. Jede Stunde war der reinste Horror. Ich versuchte, mich möglichst unsichtbar zu machen, beim Singen bewegte ich die Lippen und hauchte den Text kaum hörbar vor mich hin und hoffte innig, dass es niemand merkte. Nach der Stunde schlich ich mich schnell raus. Die Stunden waren schon schlimm genug für mich.

Als es dann hieß, ich müsse eine GANZE Woche lang mit diesen Cracks verbringen, eine Intensivwoche, in der es um die Harmonielehre ging und ein gemeinsames Musical einstudiert werden sollte, kam ich in arge Bedrängnis. Alle freuten sich wie Bolle auf diese Woche. Nur mir graute es davor. Ich würde mich eine ganze Woche lang bis auf die Knochen blamieren. Zu allem Elend kam ich mit der Ausbildung im Zeichnen, bei der ebenfalls eine Intensivwoche anstand, in einen zeitlichen Engpass. Schließlich fehlten mir die bereits verstrichenen drei Semester.

Herr Bärtschi, den ich ja bereits kannte, hatte ein Einsehen, dass er mir vermutlich die Harmonielehre nie würde beibringen können, und zeigte Erbarmen. Er attestierte mir den Besuch der Woche, obwohl ich nicht eine einzige Minute davon abgesessen hatte. Dafür musste ich einen Vortrag über die Beatles halten, bei dem ich glänzen konnte. Meinem Abschluss des Lehrerdiploms stand nun nichts mehr im Wege.

Meinen ersten Job als Sekundarlehrerin bekam ich auf meine erste Bewerbung hin. Nun konnte ich dem Beruf nachgehen, zu dem ich mich berufen fühlte. Wenn ich vor einer Klasse stand, fühlte ich mich voll in meinem Element. Zum ersten Mal hatte ich das Gefühl, dass ich hier beruflich am richtigen Ort war und ich meine Stärken ausleben konnte.

Tim Mälzer, ein deutscher Fernsehkoch, soll nach seinem überstandenen Burn-out mal gesagt haben: „Im Nachhinein war die Krise das Beste, was mir passieren konnte. Vorher habe ich mich einfach zu sehr über das definiert, was ich mache und nicht über das, was ich bin."

Bei mir war es eigentlich ähnlich. Nur dass ich bis vor meiner Krise gar nicht so recht wusste, wer ich eigentlich war. Ich definierte mich selbst mehr über das, was ich dachte, das die anderen Menschen von mir erwarteten. Mit mir hatte das wenig zu tun. Ich suchte mehr nach Anerkennung von außen, schaffte es aber nie, mir selbst zu genügen. Wenn mich einer gefragt hätte, was möchtest du, was wünschst du dir, so hätte ich darauf keine Antwort geben können. Nun hatte ich einen Beruf gefunden, bei dem ich meine Vorlieben für die Sprachen und mein Interesse an Menschen vereinen konnte.

Für mich stand beim Schule geben immer der Mensch und das soziale Miteinander im Vordergrund. Der Stoff wurde je länger, je mehr Mittel zum Zweck. Das Interessanteste und das Wichtigste war es für mich, meinen Schülern etwas von dem mitzugeben, wie ich die Welt sah und wie ich mir ein friedliches und soziales Miteinander vorstellte.

Für mich waren die Jugendlichen, die ich während der drei Jahre begleiten durfte, mehr als meine Schüler. Für mich waren es quasi meine Kinder, die mir ans Herz wuchsen und die ich in einer entscheidenden Entwicklung begleiten durfte. Sie kamen als Kinder zu mir und verließen mich nach drei Jahren als jugendliche Erwachsene wieder. Es war für mich faszinierend und erstaunlich zugleich, Zeuge ihres Reifungsprozesses zu werden.

Meine Krise hatte mich ein großes Stück näher zu mir selbst geführt. Hatte mir die Augen für mein eigentliches Wesen geöffnet. Ich denke, dass gerade diese Entwicklung mich zu dem Punkt gebracht hat, dass ich eine wirklich gute Lehrerin werden konnte. Ein Mensch, der zu sich gefunden hatte und dadurch bereit war, sich für andere Menschen zu öffnen, sie zu verstehen und einfach für sie da zu sein. Insofern hat mich die Krankheit davor bewahrt, ein weiterhin leeres und für mich sinnloses Leben zu führen. Sie gab mir die Chance, neu zu beginnen. Ohne sie hätte ich wohl nie den Mut gehabt, mein Studium kurz vor dem Abschluss abzubrechen. Ich habe diesen Schritt nie bereut.

18
Weiblich, ledig sucht ...

Nach der schmerzlichen Erfahrung mit Mike dachte ich mir, dass ich nun keinen Mann mehr abbekäme. Wer sollte mich so schon nehmen?

Meine Freundin Nadia lag mir schon seit einiger Zeit in den Ohren, dass sie da jemanden für mich hätte. Ein unheimlich lieber, süßer Typ. Sie hatte selbst ein Techtelmechtel mit ihm gehabt.

„Warum nimmst du ihn dann nicht selber, wenn er so toll ist?", fragte ich misstrauisch.

„Er ist mir einfach zu lieb. Das ist nix für mich. Aber für dich wäre er perfekt!", säuselte sie.

Sie redete so lange auf mich ein, bis ich einem Treffen zu dritt zustimmte. Sie lud ihn kurzerhand ins Kino ein und erwähnte beiläufig, dass sie eine Freundin mitnähme. Ganz unverfänglich eben. Dass das Treffen als Verkuppelungsaktion herhalten musste, war ja eigentlich so was von klar. Doch Markus, so hieß mein angeblicher Traummann, und ich legten einen glatten Fehlstart hin.

Schüchtern und etwas verlegen wartete er vor der Eingangshalle des Kinos. Er hatte die Hände tief in seiner Jeans vergraben und trat von einem Fuß auf den anderen. Als er Nadia erblickte, erhellte sich sein Gesicht und er strahlte. Wenn er lachte, verengten sich seine dunkelbraunen Augen zu kleinen Schlitzen und er hatte die Eigenart, dass er beim Lachen die Zähne leicht öffnete und die Zunge hervorblitzen ließ. Das gab ihm etwas Charmantes und Kindliches zugleich. Etwas unbeholfen kramte er seine Hand aus der Hosentasche und reichte sie mir. Nachdem wir uns begrüßt hatten, herrschte betretenes Schweigen. Niemand wusste so recht, was er sagen sollte. Zum Glück fing der Film gleich an und weitere Peinlichkeiten blieben uns erspart.

Ich habe keinen blassen Dunst mehr, was wir uns angeschaut haben. Immer wieder blickte ich aus dem Augenwinkel heraus rüber zu ihm und versuchte in der Dunkelheit sein Profil auszumachen. Er hatte braunes, glattes Haar, das er kurz geschnitten hatte. Das Werk Nadias, wohl bemerkt. Er war modisch gekleidet. Bis auf die Turnschuhe, die passten so gar nicht dazu. Ein Modell aus der Vorsteinzeit, klobig und farblich weit davon entfernt, zum restlichen Outfit zu passen. Ich fragte mich, weshalb er ausgerechnet diese Turnschuhe ausgesucht hatte.

Markus schien sich weder für den Film noch für mich zu interessieren. Sein Interesse galt mehr Nadia. Millimeterweise näherte sich seine Hand der ihrigen, suchte sie unauffällig, um sie dann zärtlich zu streicheln.

So klar, dass wir eigentlich hätten verkuppelt werden sollen, war es dann wohl doch nicht. Das hätte ich mir ja denken können, dass der nichts von mir wollte. Resigniert stopfte ich mir die ganze Tüte Popcorn rein und tat so, als konzentrierte ich mich auf das Geschehen auf der Leinwand.

Nach dem Film setzen wir unseren Abend in der gegenüberliegenden Bar fort. Während die Annäherungsversuche von Markus vorher noch sehr zaghaft verlaufen waren, ging er nun in die Offensive und versenkte bald darauf seine Zunge tief in meiner Freundin. Dass ich betreten daneben saß, schienen die beiden nicht mitzubekommen.

Ich verdrückte mich dann auf die Toilette und verbrachte dort eine geschlagene halbe Stunde, um das spärlich eingerichtete Klo zentimeterweise zu inspizieren und mir die Lippen nachzuschminken, obwohl das weiß Gott nicht nötig gewesen wäre. Schließlich hatte mir ja niemand die Farbe abgeknutscht. Als ich mir die Nase drei Mal gepudert hatte, blieb mir nichts anderes übrig, als zu unseren Turteltauben zurückzukehren. Die waren noch heftiger bei der Sache. Am liebsten hätte ich mich einfach verdünnisiert, aber ich hatte schlichtweg keine Lust und zu wenig Geld, um mir ein Taxi zu nehmen.

„Ich würde dann jetzt gerne nach Hause", räusperte ich mich geräuschvoll.

Ich war völlig verblüfft, als die beiden mich tatsächlich wahrnahmen und abrupt aufhörten. Zumindest jetzt schien ihnen die Situation doch noch ein bisschen unangenehm zu sein.

„Kannst du dir vorstellen, dass ich mich so ziemlich verarscht fühle?", fuhr ich meine Freundin im Auto an.

„Es tut mir leid. Ich weiß auch nicht, was in mich gefahren ist", entschuldigte sie sich kleinlaut.

Ich war dann ziemlich verdutzt, als ich eine Woche später einen Anruf von Markus bekam.

„Es tut mir echt leid, was ich letzte Woche für eine Nummer abgezogen habe. Ich weiß auch nicht, was in mich gefahren ist."

Irgendwie kamen mir diese Worte sehr bekannt vor, aber davon konnte ich mir auch keinen Blumentopf kaufen.

„Mit dir hatte das Ganze überhaupt nichts zu tun. Gib mir eine Chance, das wieder gutzumachen und mich besser kennenzulernen. Ich bin eigentlich überhaupt nicht so."

Normalerweise hätte ich ihm einen Korb gegeben. Da ich aber froh war, dass mich überhaupt ein männliches Wesen um ein Date bat, ging ich zögerlich darauf ein, mich noch einmal mit ihm zu treffen.

Wir gingen essen. Markus entpuppte sich als sehr aufmerksamer, gesprächiger Mann, der offensichtlich Interesse an mir hatte. Er schaute mich an, als wäre ich ganz normal. Keine Bemerkung zu meiner durch die Krankheit gezeichneten Haut, kein Kommentar zu meiner Millimeter-Frisur im Brigitte-Nielson-Look. In seinen Augen sah ich keine kritische, angewiderte Haltung. Ich fühlte mich wohl in seiner Gegenwart. Er nahm mich ganz einfach so, wie ich war und dafür war ich ihm unendlich dankbar.

Es war sehr angenehm, dass er mich nicht über meine Krankheit ausquetschte, von der er sicherlich von Nadia gehört hatte. Vielmehr erzählte er offen über sich. Zurzeit arbeitete er bei seinem Vater im Betrieb als Heizungsmonteur. Später sollte er das Geschäft des Vaters einmal übernehmen. Ursprünglich hatte er eine Lehre als Schlosser angefangen. Bei einem schweren Unfall mit dem Motorrad – er war Motocross-Rennen gefahren – war er um Haaresbreite einer Querschnittslähmung entgangen.

Bei einem üblen Sturz hatte er sich zwei Wirbel im unteren Lendenbereich gebrochen, die versteift worden waren. Er lag lange Zeit im Gips-Bett und erholte sich nur langsam. Er hatte trotzdem einen guten Schutzengel gehabt.

Seine Lehre konnte er nicht mehr weiterführen. Das ständige Stehen an den Maschinen bereitete ihm große Schwierigkeiten. Auch mit dem Motocross war es definitiv aus. Er hatte ganz schön daran zu knabbern gehabt, dass er seinen Sport nicht mehr ausüben konnte.

Bei einem langwierigen Aufbautraining mit seinem Physiotherapeuten stellte sich heraus, dass sein linkes Bein ein ganzes Stück kürzer war als das rechte. Vorher war ihm das gar nicht aufgefallen. Nun aber machten sich diese paar Zentimeter bemerkbar und führten aufgrund einer Fehlhaltung zu Schmerzen im Rücken. Seine Schuhe mussten erhöht werden. Am besten ging das bei diesen Turnschuhen, die mir schon bei unserem ersten Treffen ins Auge gestochen waren. Die Gummisohle eignete sich hervorragend. Er hatte sich direkt zehn Paar davon zugelegt, für den Fall, dass man sie nicht mehr kaufen konnte. Er war halt ein sehr praktisch denkender Mensch. Nun wusste ich auch, was es mit diesen Turnschuhen auf sich hatte.

Ich kann mich noch gut daran erinnern, wie er mich zum ersten Mal seiner Mutter vorführte. Er wohnte noch zu Hause. Als wir die Wohnung betraten, stand sie gerade am Ende des Ganges und suchte etwas in ihrer Handtasche. Es war bereits Abend und schon etwas dunkel. Markus betätigte den Lichtschalter und dann sah sie mich. Ihre weit geöffneten Augen, ihre hochgezogenen Brauen sprachen Bände. Jetzt fragt sie sich bestimmt, was ihr Sohn da abgeschleppt hat, fuhr es mir durch den Kopf.

Ich habe sie später einmal darauf angesprochen. Sie hat eingestanden, dass sie mein Äußeres im ersten Augenblick schon abgeschreckt habe. Ihre Bedenken seien aber vielmehr gewesen, ob sich ihr Sohn bewusst sei, dass das mit mir nicht einfach werden würde. Sie hegte Zweifel, ob er dem gewachsen sei. Bald darauf schon schloss sie mich in ihr Herz und freute sich immer, wenn ich zu Besuch kam.

Die Tatsache, dass Markus selbst einen Schicksalsschlag in Form eines Unfalls erlitten hatte, machte es ihm einfacher, meine Geschichte zu verstehen. Ich lernte Markus gerade in der Zeit kennen, als ich meine Ausbildung zur Lehrerin begonnen hatte. Er unterstützte mich, wenn ich körperlich Rückschläge einstecken musste, verfolgte begeistert meine Fortschritte, die ich manchmal über das, was einfach noch nicht klappen wollte, übersah.

Als ich ihn traf, war mein Selbstwertgefühl ganz tief unten. Er half mir, es Stück um Stück wieder aufzubauen, half mir, mein Urvertrauen und mein Vertrauen in andere Menschen wiederzufinden. Er nahm mich so, wie ich war, verliebte sich in mich. Kurz, er half mir im wahrsten Sinne aus der Scheiße heraus.

Im Gegenzug unterstützte ich ihn beim Lernen. Er war gerade durch die Prüfung zum Feuerungskontrolleur gefallen. Während ich die Matura gemacht hatte und dabei war, ein Hochschulstudium zu absolvieren, hatte er gerade einmal die Oberschule geschafft. Schule war nie sein Ding gewesen, sie machte ihm einfach keinen Spaß. Dass er starker Legastheniker war, machte ihm die verhasste Schule nicht einfacher. Die Scheidung seiner Eltern fiel in die Zeit seines Wechsels an die Oberstufe und wirkte sich zusätzlich negativ auf seine Motivation und Leistungen aus. Er setzte alles auf seinen Sport, in dem er die ihm versagte Bestätigung fand. Sein Unfall stellte ihn vor neue Tatsachen. Er musste sich beruflich neu orientieren.

Um sich im Geschäft seines Vaters etablieren zu können, versprach er sich durch die Prüfung als Feuerungskontrolleur das notwendige Wissen und die Kompetenz. Das Scheitern beim ersten Versuch führte ihm einmal mehr schmerzlich vor Augen, dass er schulisch nichts auf die Reihe brachte. Eine bekannte Erfahrung, die aber immer wieder aufs Neue wehtat. Er hatte nie mitbekommen, wie man eigentlich lernt.

Nun hatte er in mir eine wahre Expertin des Lernens gefunden. Ich interessierte mich seit jeher für die verschiedenen Strategien des Lernens. Zuerst galt es, die für ihn geeignete Lernmethode zu finden. Gemeinsam probierten wir verschiedene

Methoden aus. Das Lernen mit Karteikarten stellte sich als geeignetes Mittel heraus. Ich erstellte ihm einen detaillierten Lernplan, in dem ich die Schwierigkeit und den Umfang der einzelnen Kapitel berücksichtigte. Ich plante auch genügend Zeit für das Repetieren ein.

Markus machte mit über 25 Jahren zum ersten Mal die Erfahrung, wie man lernt, sich neues Wissen aneignet und es wieder abrufen kann. Zum ersten Mal in seinem Leben verspürte er Freude am Lernen, verbuchte seine ersten schulischen Erfolgserlebnisse, die seinen Lerneifer umso mehr beflügelten. Er brauchte zwar für alles sehr viel Zeit, wenn er es jedoch einmal verstanden und verinnerlicht hatte, vergaß er es nie mehr. Wir waren ein gutes Team, in dem jeder dem anderen das geben konnte, was er gerade so nötig brauchte.

Wir beschlossen zusammenzuziehen. Zwar war ich gerade erst ein halbes Jahr vorher in meine erste Wohnung gezogen, mein Vermieter, Herr Müller, der direkt über mir wohnte, entwickelte sich aber immer mehr zum Stalker. Ich hatte die Wohnung unter der Auflage bekommen, dass ich mehrheitlich an den Wochenenden nicht anwesend sein sollte. Da ich da meistens bei meinen Eltern war, konnte ich dieser Forderung im Grundsatz nachkommen nahm mir aber im Vorfeld die Möglichkeit heraus, gelegentlich von dieser Regel abzuweichen.

Selbstverständlich besuchte mich Markus ab und zu und blieb manchmal über Nacht. Auch begingen wir den Frevel, zwei Mal gemeinsam das Wochenende dort zu verbringen.

Während Herrn Müller schon vorher kein Vorwand zu schade war, um bei mir vorstellig zu werden, häuften sich seine Überfälle. Ich konnte kaum zum Haus rausgehen, ohne dass er sich in halsbrecherischer Manier die Treppe hinabstürzte, um ein Gespräch vom Zaun zu reißen. Er fand immer einen Grund, um bei mir zu läuten. Mal war es die Post, die auf sonderbare Art und Weise immer beim ihm im Briefkasten landete, mal war es ein Salatkopf, den er im Übereifer zu viel gekauft hatte und der zu faulen drohte, falls man ihn nicht unverzüglich verspeiste, oder die Frage, ob ich nicht mehr heizen könne, weil ihm sonst oben zu kalt sei.

Als er mich eines Tages darauf ansprach, dass ich ja nun heißes Wasser in der Küche hätte, wurde mir das Ganze langsam unheimlich.

„Wie meinen Sie das?", fragte ich verdutzt.

„Na ja, Sie haben ja jetzt einen Durchlauferhitzer", meinte er und fühlte sich wohl sogleich ertappt, als er eilig anfügte, dass er ihn bei offenem Fenster vom Garten aus gesehen hätte.

Als er sich einige Tage später auf eine seiner kilometerlangen Velotouren begab und ich sicher war, dass die Luft rein war, ging ich in den Garten, um zu schauen, ob der Boiler von dort einzusehen war. So sehr ich mich auch verrenkte, ich kletterte sogar auf die am Apfelbaum angelehnte Leiter, er war vom Garten aus nicht zu sehen. Er musste wohl während meiner Abwesenheit meine Wohnung betreten haben. Beweisen konnte ich ihm das allerdings nicht, das ungute Gefühl aber, unter Dauerbeobachtung zu stehen, blieb.

Einige Tage später lauerte er mir wieder auf und hielt mir vor, dass ich Herrenbesuch hätte. Er hielt mir einen Kalender unter die Nase, in dem er akribisch die Daten markiert hatte, wann Markus da gewesen war und wann ich die Wochenenden in der Wohnung verbracht hatte.

„Sie hintergehen mich. Sie halten sich nicht an die Regeln!", wetterte er erbost.

Seither litt ich regelrecht unter Verfolgungswahn und malte mir aus, wie er mich durch irgendwelche geheimen Gucklöcher beim Umziehen oder Duschen beobachtete. Eines war auf jeden Fall klar, ich musste hier raus.

Wir fanden eine kleine, schmucke Wohnung in einem malerischen Dörfchen. Ein wahrer Glücksgriff, denn normalerweise sind die Wohnungen da sehr schwer zu bekommen. Die Wohnung hatte zwar nur zwei Zimmer, aber wir machten es uns so richtig gemütlich. Wir renovierten die Wohnung eigenhändig und bekamen dadurch einen tieferen Mietzins. Die Decken, die nach alter Manier geweißelt waren, mussten in mühseliger Kleinstarbeit abgewaschen werden. Zentimeter um Zentimeter arbeiteten wir uns auf Leitern stehend vorwärts. Wir rubbelten mit dicken Schwämmen, bis uns fast die Arme abfielen und die Fingerknöchel wund waren. Die weiße Soße lief uns die Arme runter, tropfte ins Gesicht und in die Haare. Erschöpft, aber zufrieden begutachten wir unser Werk. Der gemeinsam vergossene Schweiß verband und machte unsere Wohnung zu etwas ganz Besonderem.

Das Wohnzimmer war recht großzügig. Das an und für sich kleine Schlafzimmer musste noch als Büro herhalten. Wir schraubten an allen möglichen Wänden lauter Regale an, damit ich meine Unmengen an Ordnern und Büchern verstauen konnte. Zum Glück hatte die Wohnung im Gang einige Einbauschränke. Ein Kleiderschrank hätte im Schlafzimmer beim besten Willen keinen Platz mehr gehabt.

Wir lebten bescheiden und mussten unser Geld gut einteilen, um über die Runden zu kommen. Aber wir waren zufrieden mit dem, was wir hatten. Es war unsere beste Zeit.

19

Bauchgefühl

Ferien nach dem Motto „Wo regnet es am meisten?" schienen wohl eher die Ausnahme zu sein, denn die Frau im Reisebüro schien einigermaßen verwirrt zu sein, riet Markus aber zu Irland. Eigentlich hatten wir uns für unseren ersten gemeinsamen Urlaub Korsika als Reiseziel ausgesucht. Doch meine Ärzte rieten mir dringend davon ab. Die Sonneneinstrahlung sei für mich viel zu intensiv. Am Abend überraschte mich Markus mit seinen neuen Reiseplänen. Wir buchten zwei Wochen.

Die erste Woche bewohnten wir ein Cottage. Da wir uns so kurzfristig entschieden hatten, ergatterten wir ein richtiges Schnäppchen. Jemand hatte seine Buchung storniert und wir kamen in den Genuss einer Luxusvilla mit zehn Zimmern zum Preis eines kleinen Häuschens. Die zweite Woche sollte es hoch in den Norden gehen, wo wir mit einem Hausboot unterwegs waren.

Freiwillig wäre ich nie nach Irland verreist, genauso wenig wie nach England. Ich stellte mir dieses Land nass, kalt und immer vom Nebel verhangen vor. Schon wenn ich daran dachte, taten mir sämtliche Gelenke weh. In meiner Vorstellung hatte Irland etwas Morbides, Fröstelndes, das einen wie beim Schauen eines Edgar-Wallace-Filmes überfällt.

Umso überraschter war ich, in welcher Schönheit sich mir dieses Land präsentierte. Hier in der Schweiz ist es ja nicht so, dass wir kein Grün hätten, aber verglichen mit Irland ist das nur ein Abklatsch. Man nehme das frischeste Grün aus der Farbtube, nehme noch eine Extraprise Grün dazu und bemale damit großzügig die ganze Landschaft. Dann hat man einen Eindruck von dem Grün, das sich einem dort bietet.

Irland ist ein Land, in dem du die Natur hautnah erlebst. Es dringt in jede Pore ein, du atmest es ein mit den moosigen

Düften, du hörst es in seiner singenden Stille oder in seiner tosenden Präsenz, wenn sich die weißgeschäumten Wellen an den steilen Küsten brechen. Irland faszinierte mich. Manchmal saß ich einfach nur da und ließ mich von der Schönheit der Insel verzaubern.

Das Wetter ist sehr wechselhaft. Der stahlblaue, wolkenfreie Himmel täuscht häufig über die Tatsache hinweg, dass es in der nächsten halben Stunde zu regnen beginnt. Dabei fällt der Regen nicht in dicken Tropfen vom Himmel, er bedeckt dich eher mit einem mikrofeinen Sprühnebel und im nächsten Moment taucht die Sonne die Landschaft in ihr Licht und lässt das Grün erneut erstrahlen und die Millionen von Regentropfen wie Kristalle funkeln.

Die Temperaturen sind angenehm. Nie kalt, aber auch nicht heiß. Wobei zu erwähnen ist, dass wir laut Aussagen der Einheimischen den heißesten Sommer seit Jahren erwischt hatten. Der Teer auf den Straßen, der für solch ungewöhnlich hohe Temperaturen nicht ausgelegt war, begann sogar stellenweise zu schmelzen und klebte sich wie Kaugummi an die Schuhe.

Die Menschen sind freundlich, auch wenn sie in ihrer Art manchmal etwas eigen und unnahbar erscheinen. Auf dem Land leben sie einfach und bescheiden. Von ihrer Gastfreundschaft bekamen wir am ersten Abend eine Kostprobe.

Nachdem wir in Dublin unser Fahrzeug entgegengenommen hatten, fuhren wir in Richtung unseres ersten Ziels, einem kleinen Dorf auf dem Lande. Den Schlüssel sollten wir im Pub abholen. Als wir dieses betraten, war es menschenleer. Auf unsere Frage nach dem Schlüssel antwortete man uns, dass der Zuständige gerade in der Kirche gegenüber beim Gottesdienst sei. Er käme aber bald. Und so war es dann auch. Das ausgestorbene Pub füllte sich bis zum Bersten mit den Kirchgängern. Das anschließende Guinness, ein einheimisches Bier, dessen bitterer Geschmack etwas gewöhnungsbedürftig ist, gehörte zum Kirchgang dazu. Bald sahen wir uns von einer illustren Gruppe von Einheimischen umringt, die uns zu unserem ersten Bier einluden und uns alle wild gestikulierend den Weg zu unserem Cottage erklärten. Sie entließen uns mit den Worten: „You can't miss it. It's easy to find!"

Obwohl sie sich alle erdenkliche Mühe gegeben hatten, uns den Weg zu beschreiben, hatten wir ehrlich gesagt nur eine ungefähre Vorstellung davon, wo wir hermussten. Es gab wenig, woran man sich orientieren konnte, denn wir waren am Arsch der Welt, wie wir bald feststellten.

Wir kurvten einige Zeit herum, bis uns die Dunkelheit erwischte und wir immer unsicherer wurden, ob wir noch richtig waren. Erleichtert konnten wir im Dunklen ein Cottage ausmachen, in dem noch Licht brannte. Immerhin war es bereits 23 Uhr. Normalerweise würde ich um diese Zeit niemanden mehr behelligen, aber wir wussten uns nicht anders zu helfen, als den großen Türklopfer zu betätigen. Eine alte Frau öffnete uns Tür. Als hätte sie uns erwartet, strahlte sie uns an. Ich weiß nicht, wie ich reagieren würde, wenn um diese Zeit ein Fremder vor der Tür steht. Sie aber schien sich sichtlich zu freuen und winkte uns freundlich herein. Mit gebücktem Rücken schlurfte sie langsam vor uns her.

Das Cottage bestand nur aus einem einzigen Raum, in dem Küche, Schlaf- und Wohnzimmer untergebracht waren. Nur das Bad war als kleiner Raum abgegrenzt. In der Mitte des Raumes war eine offene Feuerstelle, über der an einem Haken ein großer Topf hing. Der Raum reichte bis hoch an das aus Stroh bestehende Dach. Die Feuerstelle war zugleich Kochherd wie auch Heizung. Ihr Bett stand in einer Ecke. Sie schien alleine hier zu wohnen.

Freundlich winkte sie uns zu einem Tisch und wartete darauf, dass wir uns setzten. Sie setzte Wasser für einen Tee auf und kramte aus einer Dose einige Kekse. Es war, als hätte sie unseren Besuch erwartet. Während sie munter auf den harten Keksen kaute, bewegten sich die einzelnen dunkelbärtigen Haare um ihren Mund auf und nieder. Neugierig fragte sie uns aus und erzählte uns eifrig aus ihrem bewegten Leben. Es schien für sie das Normalste auf der Welt zu sein, um diese Zeit fremde Gäste zu bewirten. Von Müdigkeit war bei ihr kaum etwas zu spüren, während uns die Augenlider langsam schwer wurden. Wir wollten nicht unhöflich erscheinen, aber schließlich hatten wir hier ja nur angeklopft, um uns nach dem Weg zu erkundigen.

„Ach", meinte sie, „euer Haus ist direkt gegenüber. Man sieht es nur nicht, wenn es dunkel ist. Ihr müsst zuerst noch die Einfahrt hochfahren."

Wir waren froh, dass wir unserem Ziel so nahe waren. Um zu unserem Haus zu gelangen, mussten wir über einen Feldweg fahren, der durch eine große Pferdekoppel führte. Zwei Mal mussten wir aussteigen, um ein massives Gatter zu öffnen. Wir hatten ja bereits erfahren, dass wir ein großes Haus hatten, aber mit dem, was uns dann erwartete, hatten wir allerdings nicht gerechnet. Eine riesige Villa vom Feinsten. Zehn Zimmer, und alle waren mit einem Kamin ausgestattet. Wir verfügten über drei Badezimmer und eine gewaltige Küche, die allein schon fast so groß war wie unsere Wohnung in der Schweiz. Wir fühlten uns wie in einem Palast.

Eine Woche lang kurvten wir durch die umliegende Gegend, erkundeten mit einem kleinen Boot den See, der keine hundert Meter von unserem Haus entfernt lag, und ließen es uns gut gehen. Obwohl Markus eigentlich kein Englisch sprach, schaffte er es, sich eine geschlagene Stunde mit dem Hauseigentümer über Gott und Welt zu unterhalten.

Überhaupt hatte er so gar keine Hemmungen, seine paar Brocken Englisch anzuwenden. Später einmal, als wir in Amerika waren, telefonierte er quer durchs ganze Land, um nach irgendwelchen Trockenanzügen fürs Jetski-Fahren zu fragen. Allerdings kam er sprachlich so sehr an seine Grenzen, dass er zum Schluss durch die vielen Fragen seines Gegenübers so verwirrt war, dass er ihm doch tatsächlich auf die Frage nach seiner Nummer im Brustton der Überzeugung die Nummer unseres Hotelzimmers in Las Vegas gab.

Am Tage unserer Weiterreise in den Norden stand unerwartet die kleine Oma, die uns so freundlich bewirtet hatte, auf der Matte. Mit einem großen Korb in der Hand kam sie die Auffahrt keuchend emporgeschlurft. Als wir auf die Frage nach übrig gebliebenen Lebensmitteln bloß mit einer angebrochenen Packung Milch aufwarten konnten, stand ihr die Enttäuschung ins Gesicht geschrieben. Sie tat mir so leid, dass ich ihr kurzerhand die Sandwiches, die eigentlich für unsere Reise gedacht waren, in den Korb legte. Dankbar drückte sie mir die Hand und wünschte uns eine gute Reise.

Die Fahrt in den Norden gestaltete sich nicht so ruhig, wie wir es erwartet hatten. Nachdem wir unser Mietauto abgegeben hatten, bestiegen wir einen öffentlichen Bus, der uns zu unserer zweiten Reisedestination bringen sollte. Der Fahrer fuhr wie ein Henker. Er beanspruchte die gesamte Straße, sodass er vergessen ließ, dass hier der für uns ungewohnte Linksverkehr herrschte, er fuhr konsequent in der Mitte. Die Kurven schnitt er im ungebremsten Tempo, kündigte bei jeder Biegung mit einem markdurchdringenden Horn dem Gegenverkehr an, dass er durchaus das Recht hatte, auf der Gegenfahrbahn zu fahren. Oberhalb seines Sitzes befand sich ein kleiner Stauraum, dessen Klappe so ausgeleiert war, dass sie sich bei dem Geholper über den unebenen Asphalt ständig öffnete und der Inhalt auf seinen Kopf zu fallen drohte. Während er im halsbrecherischen Tempo das Letzte aus seinem Bus herausholte, stand er darum immer wieder auf, schloss mit einer Hand die Klappe wieder und berührte mit der anderen das Lenkrad nur noch mit den Fingerspitzen, da er sich so strecken musste. Ich schwitze Blut und Wasser.

Es war offensichtlich, dass der Bus schon bessere Zeiten gesehen hatte. Überall quietschte und rumpelte es und man hatte Angst, dass das Ding bei jeder Kurve auseinanderfiel. Sein Fahrstil schien jedoch hierzulande salonfähig zu sein, denn ein beängstigter Blick zu den Mitfahrenden ließ mich in entspannte Gesichter blicken, die gelangweilt auf die vorbeifliegende Landschaft starrten. Wir waren auf jeden Fall heilfroh, als wie unfallfrei an unserem Ziel ankamen.

Hier übernahmen wir unser schwimmendes Domizil für die zweite Woche.

Während wir in der Schweiz eine umfangreiche Bootsprüfung hätten absolvieren müssen, genügte hier ein zehnminütiger Crash-Kurs, der einen befähigt, mit einem Hausboot über den See zu tuckern. Der Schiffseigentümer fuhr mit uns gerade einmal die Hafenbucht rauf und runter, um uns das Boot und das Manövrieren damit zu zeigen. Da wird nicht lange gefackelt und zack, kriegt man den Schlüssel in die Hand gedrückt und los geht es.

Etwas mulmig zumute war uns schon, aber wenn wir dem Eigentümer Glauben schenken wollten, so sollte das keine Hexerei sein. Auf dem See waren lauter Bojen angebracht, die mit Nummern versehen waren. Wir mussten also die Nummern nur auf der Karte, die man uns gegeben hatte, verfolgen und uns gut an die markierten Seewege halten. Immerhin hatte man uns eindrücklich auf ein paar Untiefen hingewiesen. Wir tuckerten gemütlich auf dem See, für uns Voll-Touris hatte man die Motorenleistung in weiser Voraussicht stark gedrosselt, und waren stolz wie Oskar auf unsere ersten Seemeilen.

Langsam fing es an zu dämmern und es wurde höchste Zeit, den nächsten Hafen anzusteuern. Sorgenvoll registrierten wir, wie der laue Wind immer mehr aufbrauste und sich zu einem regelrechten Sturm entwickelte. Der spiegelglatte See hatte sich in ein brodelndes, schäumendes Ungetüm verwandelt. Zu allem Elend begann es auch noch wie aus Kübeln zu schütten, sodass man kaum noch etwas sehen konnte, da einem der Regen ins Gesicht peitschte. Da vorne war der kleine Hafen.

Nun wären wir wohl über eine Bootsprüfung glücklich gewesen, denn der Wind und die Wellen drückten unser Boot gefährlich an den Steg. Wir wollten es doch nicht an unserem ersten Tag zu Schrott fahren. Markus versuchte, das Boot an den Steg zu manövrieren, schwenkte jedoch immer wieder ab, da wir mit dem Wellengang und dem Wind den Steg gerammt hätten. Während Markus in Sachen Auto fahren und Parkieren ein absoluter Vollprofi ist – ich kenne keinen, der einen Lastwagen mit Anhänger in eine Parklücke so punktgenau reinsetzt, dass hinten und vorne gerade mal eine Hand Platz hat – stand es mit seinen Fahrkünsten als Seefahrer nicht zum Besten. Entnervt gab er auf. Das Bedienen des Gashebels ist eine Millimeterarbeit und bedarf eines ruhigen Händchens. Ein Boot reagiert ganz anders, träge und gleichzeitig verzögert.

Nun musste ich ran. Zum Glück kamen ein paar Leute angerannt, die uns mit langen Stangen, an denen Haken befestigt waren, an den Steg zogen. Geschafft!

Jetzt ging es ans Vertäuen. Na ja, es gäbe da so elegante Seemannsknoten, die man ruckizucki über die Mole werfen könnte.

Aber auch die hatten wir nicht in unserem Repertoire. Also machte sich Markus an eine einstündige Knüpfarbeit, bei der er das gesamte Tau um den Bolzen knüpfte. Die Leute kamen von weit her und fotografierten zum Teil seine kunstvollen Makramees. Uns war es egal, Hauptsache, es hielt.

Das Bootsfahren verbreitet eine eigentümliche Ruhe. Die Zeit scheint außer Kraft gesetzt, alles läuft gemäß eines langsameren, ruhigeren Rhythmus' und alle Eindrücke gewinnen an Intensität. Der Wind in den Haaren, die Gischt, die dir ins Gesicht spritzt, die Landschaft mit den grasenden Schafen, die im Zeitlupentempo an dir vorüberzieht. Ich habe mich selten so eins mit der Natur gefühlt.

Wir tuckerten gemütlich auf dem See herum, legten an, wenn uns danach war, zu Fuß eine Sehenswürdigkeit oder ein Städtchen zu erkunden. Seit unserem ersten Tag war mir die Ehre als Kapitän anheimgefallen, Bootsfahren war so gar nicht Markus' Ding.

An einem wunderschönen lauen Abend erreichten wir erst recht spät unseren anvisierten Hafen. Das Pier, das direkt an die Stadt angrenzte, war bereits mit Booten belegt, sodass wir auf die gegenüberliegende Seite wechseln mussten. Um die einige hundert Meter zurückzulegen, stand uns ein kleines nussschalenähnliches Beiboot zur Verfügung. Es war gar nicht so einfach, in das wackelige Ding einzusteigen, ohne einen unfreiwilligen Abstecher ins Wasser zu machen. Auch das Rudern war gar keine so leichte Angelegenheit und ganz schön schweißtreibend.

Für unsere Mühe wurden wir mit einem wunderschönen, pittoresken Städtchen entlohnt, in dem unzählige Pubs in verwinkelten Gässchen darauf warteten, unseren Durst zu löschen. Einmal mehr hatten wir die Qual der Wahl, uns zwischen unzähligen Biersorten zu entscheiden. Das Zapfen ist eine Wissenschaft für sich. Es dauert unendlich lange. Ohne Rücksicht auf Verluste lässt man das Bier reichlich überlaufen, um dann den Schaum mit einem Schaber abzustreifen. Zu viel Schaum ist absolut verpönt, er darf maximal einen Finger breit sein. Das Bier ist für unsere Begriffe sehr warm, muss aber so sein, wie man uns fachmännisch belehrte. In Irland ist bereits um 23 Uhr

Feierabend und die Tore werden dicht gemacht. Da erstaunt es nicht, dass die Einheimischen sich mächtig ins Zeug legen und das Bier nur so in sich hineinschütten, um auf ihre Kosten zu kommen. Nicht selten sind die Iren dann auch schnell mal auf Betriebstemperatur.

Wir taten es den Einheimischen gleich und kippten in rekordverdächtiger Zeit unser Pint runter. Kurz vor elf läutet dann eine Glocke die letzte Bestellrunde ein. Manchmal werden dann gleich zwei oder drei Gläser bestellt, die auch noch runter müssen. Schließlich hat man dafür bezahlt und bald ist definitiv finito, egal, was noch in den Gläsern verbleibt. Die Wirkung blieb bei uns nicht aus und wir torkelten angesäuselt die Gässchen Richtung See runter.

Was sich schon auf der Hinfahrt als schwierig gestaltet hatte, war in unserem locker flockigen Zustand umso anspruchsvoller. Wir boten wohl einen filmreifen Slapstick, während wir versuchten, das Boot zu besteigen. Die Nussschale schien noch einmal um gefühlte zweihundert Prozent wackliger geworden zu sein. Bei jeder kleinsten Bewegung neigte sich das Boot bedenklich zur Seite und um ein Haar wären wir gekentert. Wir fanden das Ganze aber sehr lustig und ich hatte alle Mühe, mir vor lauter Lachen nicht in Hose zu machen.

Gemütlich paddelten wir zur anderen Seeseite rüber. Es war eine sternenklare Nacht. Der Mond stand voll am Himmel und verwandelte die Wasseroberfläche in ein glitzerndes Diamantenmeer. Lauthals krähten wir das Lied „Der Mond ist aufgegangen" und machten uns einen Spaß daraus, das Boot nun extra schwanken zu lassen, indem wir uns im Takte hin und her wiegten. Es grenzte an ein Wunder, dass wir die Überfahrt trocken überstanden.

Bei unserem Schiff angekommen, beschlossen wir, den Abend romantisch ausklingen zu lassen, schleppten ein paar Decken aufs Schiffsdeck und legten uns auf den Boden. Über uns funkelten die Sterne. Plötzlich vernahm ich ein leises Schluchzen neben mir. Markus hatte zu weinen begonnen und war kaum noch zu beruhigen.

„Was hast du?", fragte ich verwirrt.

„Ach, ich hatte gerade so einen traurigen Gedanken."

„Erzähl, was ist los?", ermutigte ich ihn.

„Ich habe schreckliche Angst, dass du mich bald verlässt. Jetzt, wo es dir wieder so viel besser geht. Jetzt brauchst du mich nicht mehr."

Fassungslos schaute ich in seine traurigen Augen. „Wie kommst du denn auf so was?"

„Es ist so ein starkes Bauchgefühl, und es hat mich noch nie getäuscht."

So sehr ich ihn auch zu beruhigen versuchte, sein Gefühl war ausgesprochen, und es stand nun immer unsichtbar zwischen uns, als läge es auf der Lauer, um unvermittelt zuzuschlagen und die Vorahnung Wirklichkeit werden zu lassen.

Vielleicht sprach er das aus, was ich unbewusst unterdrückte. Die Tatsache, dass wir eigentlich nicht recht zusammenpassten. Die Tatsache, dass wir hinsichtlich unserer Interessen meilenweit voneinander entfernt waren.

Als wir aus den Ferien zurückkamen, fraß uns der Alltag auf. Jeder zog sich mehr und mehr in seine Welt zurück, die einander immer fremder wurden. Er versuchte verzweifelt, in der Firma seines Vaters Fuß zu fassen, wurde aber immer wieder durch seinen Vater zurückgeworfen.

Ich stürzte mich in meine Welt der Bücher, ergab mich den Ausführungen der Didaktik und Pädagogik und verbrachte Stunden mit der Vorbereitung meiner Lektionen. Ich weiß nicht, ob Markus mir durch die Äußerung seiner Angst, dass ich ihn verlassen könnte, eine Idee eingepflanzt hatte oder aber, was wohl eher wahrscheinlich war, das an die Oberfläche gebracht hatte, was ich unbewusst schon lange gemerkt hatte.

Wir hatten einander immer weniger zu sagen, realisierten, dass wir nicht dieselbe Sprache sprachen, dass unser Wissenshorizont sich nirgends deckte, dass wir einander fremd geworden waren. Durch mein wiedergewonnenes Selbstbewusstsein hatte ich wieder Boden unter den Füßen bekommen und einen Teil meines alten Ichs wiedergefunden. Ich hatte mich verändert. Er war derselbe geblieben.

Nun konnte ich seine Angst nachvollziehen, spürte, wie sie sich selbst in mir breit machte. Die Angst vor mir selbst, die Angst, den Schritt zu tun. Das durfte nicht sein. Ich wollte es einfach nicht wahrhaben, redete mir ein, dass wir nur eine vorübergehende Krise hätten. Suchte sämtliche Vorwände, gab den beengten Verhältnissen unserer Wohnung Schuld. Die Verzweiflung in mir wuchs.

Vielleicht kennen Sie das? Sie tun etwas, obwohl Sie genau wissen, dass Sie es nicht tun sollten. Dass es einfach nicht gut kommt. Und dennoch kommen Sie nicht umhin, es zu tun. Und damit meine ich nicht so lapidare Entscheidungen wie die, ob ich mir nun das Käsefondue einverleibe, obwohl ich weiß, dass ich mir dann mit Bauchweh die Nacht um die Ohren schlage. Nein, hier ging es um eine weitaus wichtigere Entscheidung.

Ich schaffte es einfach nicht, ihm zu sagen: „Danke, lieber Markus! Du hast mir aus der Scheiße geholfen, aber jetzt muss ich gehen."

Ich brachte es einfach nicht übers Herz. Und so tat ich, was ich mich selbst glauben machte, tun zu müssen: Ich drängte auf eine Hochzeit. Es war, als wollte ich mir durch die Heirat selbst Fesseln anlegen, die verhindern sollten, dass das Unvermeidliche einträfe. Ich überzeugte mich selbst davon, dass alles gut werden würde.

Aber es kam, wie es kommen musste. Die Kluft zwischen uns wurde immer größer. Da half auch der Umzug in eine größere Wohnung nichts. Als ich mein Studium beendete und ins Berufsleben einstieg, vergrub sich jeder mehr und mehr in seiner Arbeit. Während ich im Schule geben meine Erfüllung fand und von Erfolgserlebnissen und beglückenden Momenten getragen wurde, wurde Markus in seinem Job immer unzufriedener. Es gelang ihm nicht, sich gegenüber seinem Vater durchzusetzen, er wurde mit seinen Ideen immer wieder ausgebremst. Er wurde immer frustrierter.

Durch eine weitere Ausbildung erhoffte er sich die ausgebliebene Akzeptanz. Da ich ihm schon einmal durch die Prüfung zum Feuerungskontrolleur geholfen hatte, vertraute er darauf, dass ich ihn erneut durch die Prüfung manövrieren würde. Stofflich war diese Ausbildung jedoch weitaus anspruchsvoller und Markus wurde vor Augen geführt, dass ihm überall eine solide schulische Basis fehlte. So sehr er es auch versuchte, es war für ihn nicht zu bewältigen. Umso frustrierender war es für ihn, dass ich den Stoff mit Leichtigkeit verstand.

Das Ende war absehbar. Wir lebten uns über die Jahre schleichend auseinander. Als dann noch eine andere Frau mit ins Spiel kam, ging es Schlag auf Schlag. Aber seien wir ehrlich. Diese Frau trug nicht entscheidend zum Aus unserer Ehe bei. Das hatten wir beide schon vorher verbockt. Aber es machte es mir etwas einfacher, nun hatte ich einen Grund.

Was dann kam, war nicht schön. Wie so oft, wenn verletzte Seelen aufeinandertreffen. Es ist schade, dass wir es beide nicht geschafft haben, uns im entscheidenden Moment einzugestehen, dass unsere Zeit vorüber war. Wir waren füreinander da gewesen, jeder hatte dem anderen entscheidend geholfen. Am Ende unserer Ehe stand ich mit einem Haufen Schulden und der harten Erkenntnis da, dass man auf Dankbarkeit keine Beziehung gründen kann.

20
Beruf(ung)

Mein Job als Lehrerin wurde zum Hauptpunkt in meinem Leben und gleichzeitig zu einer erneuten Lebensschule. Während ich die Jugendlichen etwas lehrte, lernte ich von ihnen, genoss die Herzlichkeit und die Offenheit, die sie mir entgegenbrachten, litt mit ihnen, wenn sie traurig waren, oder bot ihnen Gelegenheit, sich in ihrer Revoltier-Phase an den Autoritäten und deren Regelwerk zu reiben. Ich machte schon bald die Erfahrung, dass jeder seinen Rucksack im Leben zu tragen hatte. Schicksalsschläge machen auch vor jungen Menschen keinen Halt.

Da war zum Beispiel Michael. Klein und schmächtig, mit einer hellen durchschimmernden Haut und einer in dem schmalen Gesicht übergroß wirkenden Brille, saß er in der ersten Sitzreihe. Seine wachen, immer aufmerksamen Augen, die jede Bewegung im Schulzimmer verfolgten, ließen erahnen, dass dem unscheinbaren Jungen ein wacher Geist innewohnte. Michael litt seit seiner Geburt an Cystischer Fibrose. Hierbei handelt es sich um eine Störung des Stoffwechsels. Vor allem in den Lungen und der Bauchspeicheldrüse bildet sich zäher Schleim, der die Funktion dieser Organe stark beeinträchtigt.

Wenn andere noch schliefen, saß Michael schon frühmorgens an seinen Inhalationsgeräten, um den Schleim zu verflüssigen, damit er manuell abgeklopft werden konnte. Zudem musste er immer wieder Antibiotika nehmen, um Entzündungen der Lunge zu verhindern. Seine größte Sorge war es, dass er dagegen immun würde und ein neues Medikament gesucht werden müsste, gegen das er nicht resistent war. Die Krankheit beeinträchtigte sein Wachstum stark, sodass er bereits am Anfang der Oberstufe mit der Kleinste war und am Ende von den anderen Jungs weit überragt wurde.

Was er an körperlicher Größe nicht aufweisen konnte, machte er mit seiner menschlichen Größe, seinem herausragenden Charakter wett. Bereits in der ersten Woche hielt er zusammen mit seiner Mutter ein beindruckendes Referat über seine Krankheit. Seine Mitschüler und Mitschülerinnen sollten verstehen, weshalb bei ihm manches anders war. Ich war beeindruckt, wie der gerade mal 12-Jährige mit großer Selbstverständlichkeit über seine Krankheit sprach und gleichzeitig herausstrich, dass er kein Mitleid wolle und auch keine Extrawurst in seiner Behandlung verlange.

Ich habe in den drei Jahren, in denen er zu mir in die Schule kam, nicht einmal erlebt, dass er seine Krankheit als Vorwand für irgendwelche Nachlässigkeiten vorschob. Er konnte noch so müde sein, er war einer der zuverlässigsten und fleißigsten Schüler, die ich je gehabt habe.

Und er hatte einen Traum, für den er unablässig kämpfte: Er wollte Reporter, am liebsten Sportreporter, oder Journalist werden. Seine Krankheit gilt als unheilbar und damals lag die Lebenserwartung um die zwanzig, maximal dreißig Jahre. Ich bewunderte seine Kämpfernatur, die ihn manchmal über seine Grenzen hinausschießen ließ.

Als ich ihn einmal in einem Gespräch unter vier Augen im Hinblick auf seine Gesundheit fragte, ob er nicht ein bisschen kürzertreten wolle, gab er zur Antwort: „Wissen Sie, andere haben ihr ganzes Leben lang Zeit, um zu ihrem Ziel zu kommen. Meine Zeit ist begrenzt und in dieser Zeit möchte ich so viel wie möglich erleben und erreichen."

Seine Feststellung war ganz nüchtern, ohne jeden Anflug von Verbitterung. Er hatte seine Krankheit angenommen, war sich deren Konsequenz vollkommen bewusst. Mir fehlten die Worte. Hier saß mir nicht ein kleiner Junge gegenüber, sondern vielmehr ein alter Weiser, der manch einem Erwachsenen an Lebensweisheit überlegen war.

Michael verfolgte unbeirrt seinen Weg. Heute ist er ein erfolgreicher Journalist und tourt mit seinem eigenen Comedy-Programm durch die Schweiz. Gesundheitlich geht es ihm den Umständen entsprechend gut und dank verbesserter Therapiemethoden ist die zu erwartende Lebensdauer auf vierzig Jahre angestiegen. Aber wie auch immer, ich bin überzeugt, dass er seinen Weg machen wird. Jeden einzelnen Tag.

Bei Alessandro zeigte sich seine Krankheit erst im Alter von 13 Jahren. Dafür umso dramatischer. Mitten im Unterricht begann der große, dunkelhaarige Schüler wild zu zucken. Zuerst dachte ich, er mache den Kaspar, wunderte mich aber, da er ein sehr ruhiger, unauffälliger Schüler war. Als er mit dem Zucken nicht aufhörte, wurde mir schlagartig bewusst, dass da etwas nicht stimmte. Unvermittelt kippte er seitlich vom Stuhl und schlug im Fallen mit dem Kinn auf der Ecke der Schulbank auf. Verkrümmt lag er am Boden und verdrehte die Augen nach hinten. Er hatte sich beim Aufschlagen am Kinn verletzt und blutete. Die Schüler kreischten bestürzt und schlugen sich die Hände vors Gesicht.

Ich war noch nie Zeugin eines epileptischen Anfalls gewesen, hatte aber schon darüber gelesen. Es aber in der Realität zu erleben, ist etwas ganz anderes. Da ist es schwierig, die so oft beschworene Ruhe zu bewahren, zumal da noch rund zwanzig andere Jugendliche zu beruhigen sind. Schnell räumte ich sämtliche Gegenstände zur Seite, an denen er sich hätte verletzen können. Die Zuckungen hörten so plötzlich auf, wie sie gekommen waren. Stocksteif lag er da, was im ersten Moment noch viel beängstigender war. Dann öffnete er die Augen und blickte verwirrt in die vielen Gesichter, die sich besorgt über ihn beugten. Ich verarztete seine Wunde und rief seine Mutter an.

Eine ärztliche Untersuchung ergab, dass er einen Hirntumor hatte, der den Epilepsieanfall ausgelöst hatte. Der Tumor sollte operativ entfernt werden.

Als Alessandro wieder zur Schule kam, wurde die lange, noch gerötete Narbe auf dem Schädel, auf dem die Haare langsam nachsprossen, ausgiebig von seinen Mitschülern beäugt. Es dauerte eine ganze Weile, bis er wieder auf der Höhe war. Er hatte mit großen Konzentrationsschwierigkeiten, Artikulationsproblemen und manchmal starken Kopfschmerzen zu kämpfen. Auch hatte er die Bewegung seiner Augen noch nicht unter Kontrolle, sodass sich das eine Auge verselbstständigte und sich nach innen drehte.

Aber Alessandro war zuversichtlich und kämpfte sich zurück ins Leben. Sein wiedergewonnenes Lachen wärmte mein Herz und machte mir einmal mehr deutlich, wie wertvoll Gesundheit ist.

Sabrina ihrerseits war ein wissbegieriges, lustiges Mädchen. Bereits in den ersten Wochen fiel mir auf, dass sie häufig die Buchstaben verdrehte und ihr gerade das Vokabellernen im Französischen enorme Schwierigkeiten bereitete. Es war offensichtlich, dass sie eine starke Legasthenikerin war. Umso erstaunter war ich, als ich erfuhr, dass diesbezüglich nie eine Abklärung vorgenommen worden war.

Ich wage mal zu behaupten, dass wenn sie ein verhaltensauffälliger, frecher Bursche gewesen wäre, das sofort genauer unter die Lupe genommen worden wäre. Als liebes und angepasstes Mädchen hat sie sich aber so durchgemogelt. Ihre Mutter wollte sie schon in die tiefere Klasse versetzen lassen. Sabrina war hochintelligent und wäre dort unterfordert gewesen.

„Das kriegen wir schon hin!", versicherte ich der Mutter. „Mit dem nötigen Training und viel Fleiß kann sie das schaffen."

Hätte ich gewusst, wie viel ich Sabrina damit aufbürdete, hätte ich vielleicht gezögert. Wenn andere die Vokabeln in zehn Minuten intus hatten, dauerte das bei ihr Stunden. Anfangs korrigierte ich ihr die französischen Wörter nur phonetisch, ich schaute nur auf die richtige Lautfolge, ohne die Rechtschreibung zu taxieren. Kurz darauf aber wollte sie dies nicht mehr. Sie wollte gleich behandelt werden wie die anderen, obwohl das für sie bedeutete, dass sie trotz enormem Aufwandes ungenügende Noten kassierte. Mir tat es in der Seele weh, wenn sie mit einem leeren Schlucken ihre ungenügenden Prüfungen entgegennahm.

Mit viel Training und einem enormen Lernwillen und Ehrgeiz schaffte sie es mit der Zeit auf eine reguläre, genügende Note im Zeugnis. Sie war stolz wie Oskar und wirbelte mit ihrem Zeugnis durchs Klassenzimmer. Ich habe nie jemanden gesehen, der sich über eine 4,5 so gefreut hat wie sie. Ich war mächtig stolz auf sie.

Im Laufe der Oberstufe schaffte sie es an die Spitze ihrer Klasse. Sabrina schrieb die beste Abschlussarbeit, die ich je gelesen habe. Sie hatte das Thema „Autismus" gewählt und sich mit einem Jungen angefreundet, der unter dieser Krankheit litt. Sie besuchte ihn regelmäßig. Es war beeindruckend, wie ihr der Zugang zu diesem sonst sehr unnahbaren Jungen gelang. Ihre berührende Arbeit schaffte es, diese Menschen mit ganz anderen Augen zu sehen.

Wenn man so eng mit seinen Schülern zusammenarbeitet, erhält man oft einen tiefen Einblick in die Familienverhältnisse. Manchmal erfuhr ich mehr, als mir lieb war. Gewalt, sexuelle Übergriffe oder versagte Zuneigung und Anerkennung sind leider nicht so selten, wie man das in unserer Gesellschaft erwarten würde.

Eveline fiel bereits in der ersten Klasse durch ihre schmale Statur auf. Als sie im Laufe der Zeit immer weniger wurde, geriet ich immer mehr in Alarmbereitschaft. Sie war nur noch Haut und Knochen, die Haut im Gesicht spannte sich straff um ihren Schädel und ließ das hohlwangige Gesicht gespenstisch erscheinen. Ihre Augen verloren an Glanz und Leben und starrten nur noch teilnahmslos vor sich hin. Es war offensichtlich, dass sie an starkem Untergewicht litt.

Besorgt sprach ich die Eltern in einem Gespräch darauf an. Die Mutter winkte ab und meinte bloß, dass Eveline halt sehr schlank sei und dass sie selbst in dem Alter auch so gewesen sei. Ihr aufgesetztes Lächeln täuschte jedoch nicht darüber hinweg, dass sie sich selbst etwas vormachte. Der Vater äußerte sich gar nicht dazu.

Leider kann man als Lehrperson nicht sehr viel mehr ausrichten, solange der regelmäßige Schulbesuch nicht beeinträchtigt wird. Erst als ihre Absenzen sich häuften, konnte ich eine ärztliche Untersuchung anordnen. Der Arzt klärte sie über mögliche gesundheitliche Folgen auf, sprach offen über eine möglicherweise bleibende Unfruchtbarkeit und Schädigung der Organe mit ihr. In der Folge blieb Eveline zwar immer noch sehr dünn, hielt aber ihr Gewicht. Ihre traurigen Augen blieben und ich fragte mich oft, was in diesem Mädchen vor sich ging.

Eines Tages bat sie mich um ein Gespräch. Sie fragte mich, was man im Falle von sexuellen Übergriffen tun könne. Erst nach langem Zögern sprach sie von ihrer Schwester, die von jemandem sexuell missbraucht wurde. Von wem, wollte sie allerdings nicht sagen. Ich hörte einfach zu, drängte sie zu gar nichts. Ich wusste, wie nahe sie ihrer Schwester stand, das war allgemein bekannt. Ich konnte mich aber des Eindrucks nicht erwehren, dass sie vielmehr von sich selbst sprach als von ihrer Schwester. Es muss sie sehr viel Überwindung gekostet haben, sich mir anzuvertrauen.

Als sie mit ihrer Schilderung fertig war, sackte sie völlig in sich zusammen, ihre bis dahin so mühsam aufrecht erhaltene Fassade stürzte ein wie ein Kartenhaus. Vor mir saß nur noch ein kleines, zutiefst verletztes Mädchen, das wie ein Häufchen Elend vor Schluchzen bebte. Ich nahm sie einfach in die Arme und streichelte ihr über den Kopf. Ich war mir bewusst, wie behutsam ich mit ihrem Geständnis umgehen musste, fühlte aber, dass ich damit vollkommen überfordert war und nicht die notwendige Qualifikation für das weitere Vorgehen besaß.

Ich bat sie um ihre Einwilligung, dass ich darüber mit der Schulpsychologin sprechen dürfte. Ich war heilfroh, als sie zustimmte. Schon in der nächsten Woche nahm sie ihren ersten Termin wahr. Doch bereits nach zwei Sitzungen brach sie ab. Wortlos übergab sie mir am Ende der Stunde einen Brief, in dem sie mir bitterböse mitteilte, dass ich sie hintergangen hätte und dass sie mit ihrer Schwester gesprochen hätte, die es absolut unverständlich fand, dass sie sich einer Lehrerin anvertraut hatte. Ich fühlte mich, als hätte ich einen Dolch in den Rücken gerammt bekommen. Eveline machte deutlich, dass sie mit niemandem mehr über die Sache sprechen wollte.

Es machte mich unendlich traurig und doch waren mir die Hände gebunden. Ich hatte das Gefühl, dass alles umsonst gewesen war, tat mich schwer damit, untätig bleiben zu müssen, obwohl klar war, dass da etwas gewaltig nicht stimmte. Die Psychologin verstand meine Ohnmacht, meinte jedoch, dass Eveline einen ganz wichtigen Schritt gemacht habe, indem sie sich jemandem gegenüber geöffnet hatte. Manchmal benötige es viele ganz kleine Schritte, um ans Ziel zu gelangen. Es sei für Eveline sehr wichtig gewesen, dass ich für sie da war. Sie verglich das Ganze mit einem Samen, der gesät worden war und irgendwann einmal sprießen würde. Wann das sei, darauf hätten wir keinen Einfluss, das bestimme Eveline selbst.

Es fiel mir schwer, mich damit abzufinden, dass ich das in meiner Macht Stehende getan hatte und nun untätig bleiben musste. Manchmal kann man jemandem nicht helfen, aber eventuell bedeutet dieser Fehlschlag ein Schritt auf dem Weg, dass sich der Betroffene eines Tages selbst zu helfen vermag.

Kurze Zeit später zog Eveline mit ihrer Familie weg. Ich denke noch heute viel an sie und hoffe inständig, dass sie ihren Weg gemacht hat und glücklich ist.

Bei Angelika war es für mich kein Geheimnis, dass sie geschlagen wurde. Ich wohnte nämlich direkt über ihr und bekam die lautstarken Attacken häufig mit. Als ich das erste Mal heftiges Geschrei vernahm, dachte ich zuerst an einen Streit zwischen Erwachsenen. Doch dem lauten Brüllen folgte eine schrille Kinderstimme, die einem in sämtliche Glieder fuhr. Als sich am nächsten Tag dasselbe abspielte, zögerte ich nicht lange und läutete kurzerhand eine Etage tiefer. Mit hochrotem Kopf öffnete mir die Mutter die Tür. Schweißperlen standen ihr auf der Nase, ihre Hände zitterten heftig und sie schien vor Wut außer sich zu sein.

„Ja?", raunzte sie mich an.

„Ist alles in Ordnung bei Ihnen?", fragte ich, ohne mich einschüchtern zu lassen.

„Aber sicher doch! Kümmern Sie sich um Ihren eigenen Kram!", schmetterte sie mir aufgebracht entgegen und knallte mir die Tür vor der Nase zu.

Ich hielt mich nicht daran. Ich konnte zwar durch mein Läuten nicht erreichen, dass die tätlichen Angriffe nicht mehr stattfanden, doch hörten sie jeweils nach meiner Intervention auf. Die Tür wurde mir nicht mehr geöffnet.

Kurze Zeit später brachte auch das nichts mehr. Verzweifelt stand ich vor der Tür, läutete Sturm, doch das Geschrei und das schrille Weinen des Kindes verstummten nicht mehr. Hilflos standen ich und meine Nachbarin, die sich mittlerweile zu mir gesellt hatte, vor der Tür. Wir hatten wirklich Angst um das Kind. Wir alarmierten die Polizei, die bald darauf eintraf und den Zugang zur Wohnung erzwang. Von da an wurden die Attacken seltener.

Häufig sah ich Angelika am Wochenende am Fenster ihres Zimmers sitzen. Wenn ich draußen vorbeilief, öffnete sie das Fenster und sprach mit mir. Ihre Eltern sperrten sie in ihrem Zimmer ein und vergnügten sich auf einer Motorradtour. Sie hatten ihr etwas zu essen und zu trinken gegeben und einen Topf, in den sie ihre Notdurft verrichten konnte.

Ich zeigte die Eltern an. Von da an hasste mich die Mutter. Wenn ich ihr, was selten der Fall war, im Treppenhaus begegnete, keifte sie unverständliches Zeugs, während sie an mir vorbeischnaubte. Am liebsten hätte sie mir wohl den Hals umgedreht.

Die Behörden nahmen meine Anzeige entgegen, erklärten mir jedoch, dass man da nicht viel machen könne. Ich war allerdings nicht die Erste, die Anzeige erstattet hatte. Angelikas Primarlehrerin hatte dies bereits getan, nachdem sie die Blutergüsse, die von einer Attacke mit dem Bügeleisen herrührten, im Turnunterricht entdeckt hatte.

„Muss das Kind erst totgeschlagen werden, bevor etwas passiert?", insistierte ich fassungslos.

„Solange das Kind nicht von sich aus kommt, können wir nichts machen", bekam ich zur Antwort.

Ich verstand die Welt nicht mehr. Man begnügte sich mit dem Versprechen der Mutter, sich einer Therapie zu unterziehen. Es wurde ruhiger in der Wohnung unter mir. Ich bekam Angelika nur noch selten zu sehen.

Nach dem Wechsel in die Oberstufe kam Angelika für einige Stunden zu mir in den Unterricht. Ich musste feststellen, dass sich das Mädchen verändert hatte. Das liebe und freundliche Kind hatte sich in einen schnippischen Teenager verwandelt, der sich einen Wortschatz angeeignet hatte, der einem nur schon vom Zuhören die Schamröte ins Gesicht schießen ließ.

Auf Schule hatte sie so gar keinen Bock. Sie verbrachte ihre Freizeit lieber auf der Straße mit anderen zwielichtigen Gestalten. Sie wirkte innerlich wie ausgelöscht, vollkommen antriebslos. Nur ab und zu blitzte ihre kindliche, natürliche Art auf, die man ihr ordentlich rausgeprügelt hatte.

Das, was Angelika selbst an Schlägen hatte einstecken müssen, teilte sie nun auf dem Pausenplatz aus. Sie war ständig in Schlägereien verwickelt, die sie in der Regel selbst aus heiterem Himmel vom Zaun brach.

Sie eckte immer mehr an. Als der Klassenlehrer das Gespräch mit den Eltern suchte, begannen die tätlichen Attacken in der unteren Wohnung wieder. Mit dem Unterschied, dass sich Angelika nun nicht mehr mir nichts, dir nichts vermöbeln ließ, sondern sich gegen die Angriffe zur Wehr setzte, was die Auseinandersetzungen nur noch mehr ausarten ließ. Die Behörden wurden wieder aktiv. Leider mit dem Resultat, dass sich die Familie aus dem Staub machte und sich dem weiteren behördlichen Zugriff entzog.

Das waren dann die zermürbenden Momente, die mich beinahe auffraßen. Manchmal hatte ich so viel Idealismus in mir, dass ich damit die ganze Welt hätte retten wollen. Und dann schaffte ich es nicht einmal, meine kleine Welt in meinem Wirkungskreis zu retten. Ich tat mich schwer damit, die Grenzen meines Handelns anzuerkennen, einzusehen, dass es letztendlich nicht in meiner Verantwortung lag. Heute sehe ich das ein wenig anders. Manche Menschen können oder wollen gar nicht gerettet werden, weil der Zeitpunkt dafür noch nicht reif ist oder aber, weil deren Aufgabe gerade darin besteht, durch eine Prüfung zu gehen, um daran zu wachsen. Was für den anderen gut ist, kann ich nicht entscheiden, das muss jeder für sich tun. Insofern sollte Hilfe immer als Angebot verstanden werden, das der andere annehmen oder ablehnen kann.

Aber da gab es auch die unzähligen glücklichen Momente mit den Jugendlichen, die mich sehr bereichert haben. Zusammen mit ihnen hinter der Bühne zu zittern und auf die Vorführung des Theaterstücks zu warten, das man monatelang eingeübt hatte. Der Augenblick, als ich mit meiner ersten Klasse das Abschlusslager in einem ehemaligen Maiensäß verbrachte und alle glückselig um ein Lagerfeuer saßen und Gruselgeschichten erzählt oder

Lieder zum Gitarrenspiel gesungen wurden. Die strahlenden Augen, wenn mir jemand berichtete, dass er die Lehrstelle bekommen hatte. Ich machte es mir zu meiner Aufgabe, dass ich niemanden entließ, ohne dass er eine Lehrstelle, einen Platz für eine weiterführende Ausbildung oder eine andere Zwischenlösung fand. Manchmal habe ich mich sogar persönlich bei den Firmen für meine Schützlinge ins Zeug gelegt.

Ich habe sie in der Phase begleitet, in der es darum ging, die eigenen Stärken und Fähigkeiten zu entdecken, um den geeigneten Beruf zu finden. Ich selbst, glaube ich zumindest, habe in meiner Stellung als Lehrerin nicht nur einen Beruf, sondern eine Art Berufung gefunden. Einen Job, den ich mit Leib und Seele ausübte und der mich mit Sinn erfüllte. Ich wünsche jedem, dass er seine Berufung im Leben finden möge und sie idealerweise zu seinem Beruf machen kann.

Leider meldeten sich meine gesundheitlichen Probleme im Herbst 2004 heftig zurück. Meine Haut geriet wieder völlig aus der Bahn. Mein Körper setzte sich gegen meine ständige, berufliche Überbelastung zur Wehr. Bei so viel Engagement für die Schule hatte ich vergessen mir Nischen zu schaffen, in denen ich auftanken konnte. Ich hatte den fatalen Fehler begangen, mich nur noch über meinen Beruf zu definieren. Ich war weit über meine Kräfte hinausgeschossen.

Meine Haut rötete sich, schwoll derart an, dass ich anschließend unter Blutergüssen litt. Die Schwellungen im Gesicht entstellten mich. Ich litt unter Schlaflosigkeit, da ich durch den Juckreiz keine Ruhe fand. Ich musste wieder Unmengen an Kortison schlucken. Die Dosis wurde ständig erhöht, zeigte jedoch keine Wirkung mehr. In der Folge war mein Körper nicht mehr in der Lage, das körpereigene Hormon selbst zu produzieren. Ich musste die Medikamente weiter einnehmen, obwohl sie das eigentliche Problem nicht beseitigen konnten. Meine Haut wurde immer dünner, immer anfälliger.

Auch in psychischer Hinsicht wurde ich dünnhäutiger. Sämtliche schulmedizinischen und auch alternativmedizinischen Behandlungen erzielten keine Verbesserung. Ich landete auf der Notfallstation, weil die Schwellungen einmal mehr die Atemwege betrafen. Wenn ich am Morgen aufstand, wusste ich nicht, ob ich vor die Klasse treten konnte. Ich fehlte immer häufiger. Ein geregelter Schulbetrieb lässt sich aber nicht mit einer Lehrerin vereinbaren, die immer wieder ausfällt.

Es kam also zu einer der einschneidendsten Spätfolgen meiner Krankheit, die 1993 so dramatisch ihren Anfang genommen hatte. Ich musste meinen Beruf als Lehrerin aufgeben. Es tat mir in der Seele weh. Es fiel mir unendlich schwer, zu akzeptieren, dass mir mein Körper Grenzen auferlegte, dass nicht mehr mein Verstand entschied, wie viel ich mir zumuten konnte.

21
Tick, tack ...

Ich hatte die dreißig überschritten und unvermittelt begann die biologische Uhr in mir zu ticken. Tick, tack hämmerte sie laut in mir und rief einen Hormoncocktail auf den Plan, der mich überall nur noch süße, glucksende Babys mit großen Kulleraugen und Frauen mit prallen Bäuchen sehen ließ. Auf einmal wollte ich nichts sehnlicher als ein Kind. Am liebsten sofort und wenn nicht sofort, dann möglichst bald. Denn schließlich nagten die Spuren des Alters schon an mir. In ein paar Jahren wäre ich alt und vertrocknet, eine Oma quasi, an der der Frühling unbemerkt vorübergezogen war. Aber weit und breit war kein passender Mann in Sicht, mit dem ich eine anständige Familienplanung hätte machen können.

Viele lernen sich bei der Arbeit kennen. Bei mir war das eher schwierig, die „Männer" um mich herum waren gerade mal zwischen zwölf und sechszehn, also absolutes Tabu, und im Lehrerkollegium gab es keinen geeigneten Kandidaten. Einen Lehrer wollte ich eigentlich eh nicht, die sollen so rechthaberisch sein, habe ich mir sagen lassen. Nein, es reichte, dass ich die meiste Zeit mit meinen Schülern und Schülerinnen verbrachte, da musste ich nicht auch noch in meiner Freizeit mit meinem Partner dieselben Dinge durchdiskutieren.

Aus dem Disco-Alter, wo man früher so seine Bekanntschaften machte, war ich auch raus. Dies war mir bei meinem letzten Disco-Abstecher peinlich bewusst geworden, als ich mich von Teenagern im Alter meiner Schulabgänger umringt sah. Ich kam mir uralt und deplatziert vor. Mein Tanzstil und der meiner Freundin erregte einiges Aufsehen. Er schien so old-fashioned zu sein, dass er schon fast wieder hip war. Auf jeden Fall gaben sich die Teenies alle Mühe, unsere Bewegungen nachzuahmen.

An der Ladenkasse wartete ich ebenfalls vergebens darauf, dass mich ein Mann ansprach. Und auch, als ich mit einem Platten an meinem Auto am Straßenrand stand, kam kein holder Jüngling, um mir zu helfen. Ich musste den Pannendienst bemühen. Der Mann, der mir zu Hilfe kam, war zwar nett, aber um die fünfzig und glücklich verheiratet, wie ich mal vermutete. Zumindest trug er einen Ehering und machte einen zufriedenen Eindruck.

Ich raffte meinen ganzen Mut zusammen und setzte mich mutterseelenallein in eine Bar. Mit mäßigem Erfolg. Zwar kannte ich bald einmal sämtliche Barkeeper persönlich und wurde auch des Öfteren von Männern angesprochen, doch Mr. Right wollte einfach nicht dabei sein.

Ich zog mich in mein stilles Kämmerlein zurück, setzte mich vor den Computer und schaltete die Kiste an. Die moderne Frau findet heute ihren Mann im Internet, habe ich mir sagen lassen. An und für sich zog ich die reale Begegnung, so von Auge zu Auge, vor. Internet, so etwas Unpersönliches, ich, die Kiste und irgendwelche Frequenzen dazwischen. Kein Gefühl, kein Geruch, keine Geräusche, rein gar nichts. Ich hatte meine Zweifel, ob das klappen sollte. Aber einen Versuch war es wert.

Nun galt es, sich erst einmal im Dschungel der Internet-Plattformen zurechtzufinden. Da gibt es wirklich Chat-Rooms für jede und jeden. Viele davon sind so billig und anrüchig, dass es dich fast schon ekelt, die Escape-Taste zu drücken, da du befürchtest, der eigene PC sei mit einem perversen Virus infiziert, der sich auch auf der Tastatur eingenistet hat.

Es ist gar nicht so einfach, eine geeignete Plattform für „Normalos" zu finden. Hat man eine solche gefunden, ist man auch dort nicht vor schlüpfrigen Attacken gefeit.

Ein bisschen nervös war ich schon, als ich zum ersten Mal online ging. Allein die Wahl meines Nicknamens war schon so eine Sache. Schließlich möchte man ja einen interessanten Namen haben, ohne billig zu wirken. Hat man sich dann eine halbe Stunde das Hirn zermartert, um einen anständigen zu finden, muss man ernüchtert feststellen, dass er bereits vergeben ist. Also wieder die Hirnzellen aktivieren und sich einen neuen ausdenken. Doch schon wieder vergeben. Zum Schluss weiß man sich nicht anders zu behelfen, als den Jahrgang hinter den Namen zu hängen.

In meinem Fall nicht ganz unproblematisch. 69, da gehen bei dem einen oder anderen schon die wildesten Fantasien mit ihm durch. Na ja, egal. Ich betrat den Chat-Room als Sarina69.

Was, wenn nichts passierte? Wenn sich keiner für mich interessierte?

Jemanden anzusprechen, dazu fehlte mir beim ersten Mal doch der Mut. Meine Befürchtungen stellten sich als unbegründet heraus. Es dauerte keine zwei Sekunden, und schon meldeten sich die Ersten. Was dann kam, folgte einem meist gleich verlaufenden Schema.

Die erste Standardfrage lautete: „Bist du neu hier?" Dicht gefolgt von der Frage: „Bist du Single?"

Na, was denn sonst, wäre ich sonst hier im Single-Chatroom der über 30-Jährigen? Blöde Frage! Aber weit gefehlt. Da tummelte sich manch einer, der zwar in festen Händen, gelegentlichen Abenteuern gegenüber jedoch nicht abgeneigt war.

Und nun kam die entscheidende Frage, die schon zu Anfang die Spreu vom Weizen trennte: „Bist du rasiert?"

Das ging mir dann doch entschieden zu weit. Ich hatte so gar keine Lust, mich über die Frisur meiner Intimgegend auszulassen. Das Gegenüber hatte sich soeben ins Aus manövriert und wurde im Folgenden ignoriert. Die ganz Hartnäckigen ließen der Frage weitere schlüpfrige folgen und gaben dann schließlich auf. Diejenigen Kandidaten, die sich alternativ bessere Fragen einfallen ließen, konnten weiterverfolgt werden.

Bald schon stellte ich fest, dass das Kennenlernen im Internet so seine ganz speziellen Eigenheiten, aber auch seine Vorzüge hat. Erstaunlich ist, dass man häufig sehr offen ist, Dinge von sich preisgibt, die man in der realen Begegnung viel länger zurückhält. Die Anonymität macht mutiger, man kann sich dahinter verstecken. Man spricht offener über sich, wen kümmert es. Ich logge mich aus und raus bin ich aus der virtuellen Welt. Manchmal stellte ich mir vor, dass ich jemandem im wirklichen Leben begegnete und keine Ahnung hatte, dass ich ihm gestern meine tiefsten Ängste offenbart hatte.

Einige der Benutzer suchten einfach jemanden zum Reden. Sie waren gute Zuhörer und hatten so manch hilfreichen Rat auf Lager. Ich merkte bald, dass solche Plattformen oder das Internet generell ein hohes Suchtpotenzial haben. Ich freute mich schon richtig darauf, mich nach getaner Arbeit mit meinen Leuten „zu treffen". Oft saß ich stundenlang, bis spät in die Nacht vor dem PC, ohne zu merken, wo die Zeit geblieben war. Und dennoch vermag es den realen Umgang mit Menschen nicht zu ersetzen. Im Gegenteil, es führt letztendlich schnell zu einer Entfremdung, einer Flucht aus der Realität. Im Chat-Room konnte ich mich ausklinken, wenn ich die Faxen dicke hatte und mir einer blöd kam. Ich musste nicht antworten, wenn mir eine Frage nicht passte. Im realen Leben muss ich mich konfrontieren.

Ich fing an, meine im Internet verbrachte Zeit zu limitieren. Mich darauf zu besinnen, dass ich hier war, um einen Partner zu finden. Es blieb mir also nichts anderes übrig, als mich irgendwann mit jemandem zu treffen. Auch hier sollte ich meine Anfängerfehler bald bereuen. Selbstverständlich kam ich der Bitte meines Gegenübers nach und schickte ihm ein Foto von mir.

Klar hätte ich auch gerne eines von ihm gehabt. Er habe grad kein aktuelles und überhaupt sei er so nicht fotogen, da er auf Fotos gar nicht so aussehe wie in Wirklichkeit. Egal, das Aussehen ist ja nicht alles, sagte ich mir.

Wenn aber dann das Erscheinungsbild so gar nicht dem entspricht, was einem beschrieben wurde, kommt man dann doch nicht recht aus dem Staunen raus. So erwies sich die Aussage, er habe nicht mehr so viele Haare, in Tat und Wahrheit als Vollglatze. Da war kein einziges Haar mehr, blank wie ein Babypopo. Und die sportliche und schlanke Statur kam in Form von gut über hundert Kilo daher, die sich auf einer Länge von einem Kopf kürzer als ich es war verteilten. Vermutlich beschränkte sich seine sportliche Betätigung auf das Schauen der Sportsendung und dem Pendelgang zwischen Sofa und Kühlschrank.

Ich möchte ja nicht böse sein, aber wenn er nicht wie irre gewinkt hätte, als er mich erblickte, schließlich hatte ich ihm ja ein Foto geschickt, wäre ich glatt an ihm vorbeigelaufen, da er so gar nicht so aussah, wie er sich beschrieben hatte. Nun ja, sagte ich mir, vielleicht ist er sonst ganz nett.

Wir gingen zum Chinesen. Mutig bestellte er den scharfen Kohlsalat und ich freute mich innerlich, dass wir zumindest essenstechnisch auf der gleichen Wellenlänge lagen. Ich liebe scharfes Essen und wusste als Stammgast, dass die drei roten Chilis hinter dem Salat auf der Karte kein leeres Versprechen waren. Er schien wohl das erste Mal hier zu sein, obwohl er nur einige Häuser weit entfernt wohnte, oder aber er hatte noch nie diesen Gang bestellt. Auf jeden Fall verfiel er, kaum hatte er die erste Ladung des Kohlsalates im Mund versenkt, in Schnappatmung. Er wurde rot wie ein Hummer und schien aus allen Poren gleichzeitig zu schwitzen. In Sekundenschnelle war er schweißgebadet, worauf er den fatalen Fehler beging, den Brand in seinem Mund mit einem großen Schluck Mineralwasser löschen zu wollen. Mit dem Resultat, dass er in einen Hustenanfall verfiel.

So viel zu unserer gemeinsamen Vorliebe für scharfes Essen. Zugegeben, der Salat war wohl eher was für Hartgesottene, aber mir schmeckte er. Irgendwann beruhigte er sich. Ich glaube, dass er von seinem zweiten Gang nicht viel geschmeckt hat. Die Geschmacksknospen versagten ihren Dienst. So richtig ins Gespräch kamen wir nicht. Es stockte, obwohl wir uns via Netz so eloquent unterhalten hatten.

Er bot mir an, den Kaffee bei sich zu Hause um die Ecke zu nehmen. Wenn er sich bei der Beschreibung seines Äußeren auch nicht so ganz an die Wahrheit gehalten hatte, so schien er mir doch ein harmloser, ungefährlicher Typ zu sein. Ich ging auf sein Angebot ein. Um ehrlich zu sein, wollte ich herausfinden, ob er mir wenigstens in einem Punkt die Wahrheit verklickert hatte. Er hatte nämlich in den höchsten Tönen von seiner Wohnung geschwärmt.

Die Wohnung war ja ganz nett, vor allem sehr groß. Für die Einrichtung habe ich keine Worte. Daneben war meine Oma ultramodern eingerichtet. Es gab da vor einiger Zeit so einen Spruch. „Zeig mir, wie du wohnst, und ich sag dir, wer du bist" oder so ähnlich. Mehr kann ich dazu nicht sagen. Auch wohnungstechnisch brachten wir es auf keinen gemeinsamen Nenner.

Als er mich dann am Schluss mit erfreuter und erwartungsvoller Miene fragte, ob wir uns wiedersähen, kam für mich der unangenehme Teil. Ich musste ihm sagen, dass er ein herzensguter Mensch sei, aber dass der Funke nun mal nicht übergesprungen sei und ich ihn nicht noch einmal treffen wolle. Es tat mir richtig leid, als ich sein enttäuschtes Gesicht sah.

Mein erstes Blind Date verlief erfolglos. Immerhin hatte ich daraus gelernt, vor dem nächsten Treffen auf ein Foto zu bestehen.

Den zweiten Kandidaten traf ich in einem idyllischen Gartenrestaurant am Fluss. Der Abend fing verheißungsvoll an. Es war ein wunderschöner, lauer Sommerabend und die Leute unterhielten sich angeregt, während im Hintergrund Sade mit ihrer geschmeidigen Stimme die entspannte Stimmung untermalte. Mein männliches Gegenüber war ein attraktiver dunkelhaariger und durchtrainierter Mann, der zudem intelligent war und einen auf der Platte zu haben schien. Ich fing gerade an, ihn richtig sympathisch zu finden, als er aus heiterem Himmel mit der absoluten Killer-Frage rausrückte.

Er wolle nicht lange um den heißen Brei herumreden, aber er hätte da so seine sexuellen Vorlieben und wolle wissen, wie aufgeschlossen ich demgegenüber sei.

Nun, ich möchte mal behaupten, dass ich nicht gerade prüde bin, aber mit seinem folgenden Outing hatte ich nicht gerechnet. Er vertraute mir mit vorgehaltener Hand und verschwörerisch zu mir geneigt an, dass er es unheimlich prickelnd fände, wenn er von Frauen angepinkelt werde. Ich wusste nicht recht, ob er mich verarsche, aber sein erwartungsvoller Blick wies darauf hin, dass er es absolut ernst meinte. Ich wurde knallrot, wie immer, wenn ich peinlich berührt war. Nein, damit könnte ich so gar nichts anfangen, meinte ich.

„Schade, dann wird das nichts mit uns!", sagte er und lehnte sich gelassen zurück in seinen Sessel.

Ich kann nicht behaupten, dass ich darüber allzu traurig war.

Mit dem dritten Kandidaten ging ich ins Kino. Das war nicht so anstrengend, denn wenn man sich sonst nicht zu sagen hatte, konnte man ja wenigstens einen guten Film schauen. Vielleicht hätte ich den Film aussuchen sollen. Auf jeden Fall wurde bald schon klar, dass er nicht den gleichen Humor hatte wie ich. Wobei ich dabei wohl nicht die Einzige war. Er brachte es nämlich just an den Stellen fertig, sich vor Lachen auszuschütten, an denen es im übrigen Kinosaal totenstill war. Wenn alle miteinander losprusteten, starrte er unberührt auf die Leinwand.

Die Fortsetzung des Abends verlief nicht viel erquicklicher. Als hätte ich es geahnt, wir hatten uns tatsächlich nicht viel zu sagen. Im Nachhinein war selbst der schlechte Film ein guter Entscheid gewesen. Zumindest kamen wir gemeinsam überein, dass wir wohl nicht füreinander geschaffen waren.

Allzu fruchtbar war meine Suche bis dahin nicht gewesen. Mein nächster Versuch bestand darin, dass ich ein Suchinserat online schaltete. Mit Bild, was sich in diesem Fall fatal auswirkte. Ich freute mich wie Bolle, als die ersten Rückmeldungen fast sekündlich eintrafen. Natürlich wollte ich jedem persönlich antworten, Ehrensache, versteht sich. Das war wohl ganz schön naiv.

Am zweiten Tag wurde meine Mail-Box gesprengt. Ich konnte sie nicht mehr öffnen. Ich hatte nur noch Zugriff auf die Mails vom ersten Tag. Aber das waren schon so viele, dass ich bald die Übersicht verlor und das Ganze im Chaos endete. Denn während ich den einen antwortete, kamen schon die Rückantworten eingetrudelt. Ich hatte keine Ahnung mehr, wem ich was geschrieben hatte. Schließlich entschied ich mich gerade mal für einen, mit dem ich den Schreibkontakt aufrechterhielt.

Wir mailten eine ganze Zeit lang hin und her, bevor wir uns trafen. Ich war ganz schön neugierig auf den Fotografen aus Basel. Nach unserem ersten Treffen meinte er: „Entweder wir heiraten oder wir werden Freunde fürs Leben."

Ich habe nie mehr einen Menschen kennengelernt, der so in den Extremen lebte wie er. Für ihn gab es entweder Schwarz oder Weiß, die Graustufen dazwischen existierten für ihn nicht. Wenn er etwas liebte, dann mit jeder Faser seines Herzens. Er konnte genießen wie kein anderer, überschwänglich loben und zelebrieren, wenn ihm etwas gefiel. Genauso konnte er explodieren wie eine Bombe, wettern wie eine alte Hexe, wenn ihm etwas missfiel.

Wir verbrachten eine kurze, aber intensive Zeit miteinander. Er zeigte mir die Schönheiten der Schweiz, von denen ich gar nicht wusste, dass es sie gab. Er brachte mich dazu, meine Höhenangst zu überwinden und mich von einer Steilwand abzuseilen. Er entführte mich nach Korsika, zeigte mir diese naturgewaltige Insel, die mit ihren würzigen Gerüchen nach Kräutern unvergleichlich ist. Ich ließ mich hinreißen von seinem atemberaubenden Tempo, seiner Leidenschaft und seinem Temperament. Mit ihm schmeckte der Käse noch würziger, noch nussiger, der Himmel war eine Nuance blauer und das miese Wetter fühlte sich noch schlechter und düsterer an.

So viel Intensität konnte auf Dauer auch ganz schön anstrengend sein. Hinzu kam, dass er kein Mann war, der sich an die Leine legen ließ. Er brauchte seine Freiheit.

Ich kann mich nicht daran erinnern, dass ich mich mit einem anderen so oft und so heftig gestritten hätte wie mit ihm. Er schaffte es, mich von einem Moment zum anderen auf 180 zu bringen. Er hingegen fand, dass er noch nie eine so harmonische Zeit mit einer Frau verbracht hatte wie mit mir. Als harmoniebedürftiger Mensch gingen mir solche Zankereien mächtig an die Substanz. Seine Art zu leben forderte mir zu viel Energie ab.

Geheiratet haben wir nicht. Aber er hat Recht behalten. Bis heute sind wir beste Freunde und ich hoffe, dass es immer so bleiben wird. Eine Frau, die mit ihm mithalten kann, hat er nicht gefunden. Aber er ist nun einmal ein Freigeist und ich denke, dass es ihm ganz wohl mit sich selbst ist.

Meine biologische Uhr tickte weiter, überschlug sich fast, als ich Lucca kennenlernte. Lucca, der Mann, in den ich mich unsterblich verliebte, der Mann, mit dem ich ein halbes Dutzend Kinder haben wollte. Vielleicht habe ich ihn mit meinem Hormoncocktail in die Flucht geschlagen. Man braucht das den Männern gar nicht zu sagen, dass man ein Kind möchte. Irgendwie merken sie das, als würde es mitten auf der Stirne stehen.

Achtung: Die will ein Kind von dir!

Lucca war dazu nicht bereit. Auch nicht für eine tiefere, längere Beziehung. Er sei noch nicht so weit, meinte er. Er müsse selbst noch mit sich ins Reine kommen

Ich entließ ihn mit gebrochenem Herzen auf den Weg seiner Selbstfindung und stand wieder alleine da, weinte mir die Augen aus und beschloss, es mit der Männersuche bleiben zu lassen. Irgendwie schien es ein unmögliches Unterfangen zu sein, einen Mann für mich zu finden. Die guten Männer waren schon vergeben oder aber sie hatten einen an der Waffel oder waren so beziehungsgeschädigt, dass ich besser die Finger davon ließ.

Vielleicht waren mir die Mutterfreuden nicht vergönnt, vielleicht sollte mein Weg ein anderer sein. Ich ließ einfach all meine Wünsche, die ich so lange krampfhaft festgehalten hatte, los. Und dann geschah etwas, das ich nicht für möglich gehalten hatte.

22
Erstes kommt es anders,
und zweitens als man denkt

Wenn mir Anfang 2004 jemand gesagt hätte, dass ich in diesem Jahr meinen zukünftigen Mann kennenlernte, dass ich schwanger würde und in unser gemeinsames, neues Heim einzöge, ich hätte ihn für vollkommen verrückt erklärt. Man hat ja da so seine Vorstellungen oder zumindest ich hatte sie. Erst lernt man jemanden kennen, und wenn man ihn auf Herz und Nieren geprüft hat, geht man an die Familienplanung und richtet sich dann ein hübsches Nest ein. Aber manchmal kommt es anders, als man denkt.

Ich hatte zwar meine fanatische Männersuche ad acta gelegt, so ganz die Finger vom Single-Chat-Room habe ich dann aber doch nicht gelassen. Es war aber mehr Zeitvertreib, Austausch mit alten Bekannten, aber nicht ernsthaft im Sinne einer Partnersuche.

Ein Benutzer jedoch war mir schon lange ins Auge gestochen. Irgendwie fand ich seinen Namen so interessant, estefan. Das hörte sich so südländisch temperamentvoll an. Er war meist zur selben Zeit im Netz wie ich. Aber es war wie verhext. Immer wenn ich den Mut aufbrachte, ihn anzuschreiben, loggte er sich just in dem Augenblick aus.

Eines Tages klappte es. Ich war erstaunt, wie schnell seine Antworten erfolgten, denn er schien ein Hans-Dampf in allen Gassen zu sein und klinkte sich rege in die öffentlich geführten Diskussionen ein. Seine schlagfertige, humorvolle Art zu schreiben gefiel mir. Er drückte sich sprachlich gewandt aus. Wir chatteten drei Mal miteinander. Geschätzte dreißig Minuten insgesamt. Ich wusste lediglich das Nötigste über ihn und hatte ein Foto von ihm. Nicht einmal telefoniert haben wir miteinander.

Und dann tat ich etwas, weiß Gott, welcher Teufel mich da geritten hat, ich lud ihn zu mir nach Hause zum Essen ein. Normalerweise traf man sich auf neutralem Terrain, auf jeden

Fall mit anderen Leuten drumherum. Man kann ja nie wissen, was für Psychopathen einem im Netz auflauern. Sträflicherweise wohnte ich zudem mutterseelenallein in einem alten Bauernhaus. Da hätte ja wer weiß wer kommen können. Wenn mein Kind das irgendwann mal machen sollte, ich würde ihm die Hammelbeine lang ziehen.

Ich ignorierte sämtliche Warnsirenen in meinem Kopf, brezelte mich auf, nicht zu viel, aber auch nicht zu wenig, und entschied mich, ihm Fajitas, eines meiner Lieblingsgerichte, vorzusetzen. Da konnte nicht viel schiefgehen und in der Regel kommt das ganz gut an. Schmeckt und ist unkompliziert.

Er kam, sah und siegte. Zuerst bei meinem Kater, der sich auf der Stelle in ihn verliebte und ihm von der ersten Sekunde, fast schon penetrant, auf dem Schoss klebte. Mein Kater hatte Geschmack, das musste ich ihm lassen. Aber auch bei mir dauerte es nicht lange, Stefan eroberte in Windeseile mein Herz. Es war, als würde ich den 195 cm großen Hünen, der den Kopf in meinem alten Bauernhaus überall einziehen musste, seit Ewigkeiten kennen. Alles an ihm kam mir so bekannt vor, obwohl ich doch so wenig über ihn wusste.

Stefan strahlte Ruhe und Gelassenheit aus. Er versprühte Selbstsicherheit, ohne dabei überheblich zu wirken. Ich fühlte mich in seiner Gegenwart wohl, spürte, dass mir ein spannender Mann gegenübersaß, von dem ich unbedingt mehr erfahren wollte. Die anfängliche Beklommenheit war schnell verflogen und wir redeten über alles Mögliche und merkten kaum, wie die Zeit verstrich. Es lag nicht nur an der fortgeschrittenen Stunde, dass er sich entschied zu bleiben.

In der ersten Nacht erzählte er mir von seinem besten Freund, den er vor einigen Jahren verloren hatte. Ich spürte seinen Schmerz über den Verlust seines Freundes, die Trauer, auch die Wut, dass er so früh hatte gehen müssen. Und über allem schwang eine tief empfundene Liebe mit, die er diesem Menschen immer noch entgegenbrachte. Ich wunderte mich darüber, dass er mir davon erzählte, fühlte mich ihm aber dadurch sehr nahe. Es schuf eine tiefe Vertrautheit, die ich sonst nur zu jemandem habe, den ich schon lange kenne.

Am nächsten Morgen, als wir uns bei unseren Autos verabschiedeten, eröffnete ich ihm wie aus der Pistole geschossen: „Du weißt, dass du nicht mehr Single bist?"

Er schaute mich zuerst etwas verdutzt an und grinste dann schelmisch.

„Wenn du es sagst."

Dann stieg er ins Auto und fuhr davon. Ich hatte mir gar nicht überlegt, was ich da sagte. Es war mir einfach so rausgerutscht. Aber es fühlte sich auch genau richtig so an.

Auf der Fahrt rief Stefan seinen Freund an und eröffnete ihm, dass er nicht mehr Single sei. Dieser schien ihn eher zu beschwichtigen zu wollen, indem er abwiegelte: „Jetzt wart erst einmal ab, du hast sie ja gerade erst kennengelernt."

Immerhin war Stefan die letzten zehn Jahre ohne feste Beziehung gewesen und hatte sich bislang nicht durch eine große Bindungsfähigkeit hervorgetan. Stefan aber bestand darauf, nicht mehr Single zu sein.

Unser erstes Treffen fand im April statt. Anderthalb Monate später war ich schwanger. Es war ja nicht so, dass wir beide nicht wussten, worauf wir uns da eingelassen hatten. Schließlich hat die Natur das so eingerichtet, wenn keine Vorkehrungen getroffen worden waren. Dass es aber so schnell einschlug, hatten wir nicht erwartet.

Stefan war gerade mal seit zwei Tagen weg, um drei Wochen lang mit seinen Freunden in Portugal die Fußball-EM zu verfolgen, als ich feststellte, dass ich in anderen Umständen war. Obwohl ich es vorher schon gespürt hatte, machte ich gleich zwei Tests hintereinander. Sicher ist sicher. Ich tanzte mit dem Stäbchen durch die ganze Wohnung, hielt meine Hände auf den Bauch, in dem dieses wundervolle Wesen heranwuchs. Ich platzte fast vor Freude, hätte es am liebsten jedem erzählt. Nun musste ich aber geschlagene drei Wochen warten, um die Neuigkeit dem werdenden Vater mitzuteilen. So etwas erzählt man ja nicht am Telefon. Eine unendlich lange Zeit, die nicht verstreichen wollte. Anfangs war ich fest davon überzeugt, dass sich Stefan freuen würde. Je mehr Zeit verstrich, desto unsicherer wurde ich.

Was, wenn er das Kind nicht wollte? Wenn ihm das Ganze dann doch zu schnell ging?

Ich war hin- und hergerissen zwischen meiner unbändigen Freude und der Unsicherheit, wie er auf die Neuigkeit reagierte. Eines war für mich klar. Ich würde das Kind behalten, so oder so, mit oder ohne ihn. Ich würde das schon schaffen. Ich war ganz hibbelig, dass ich es niemandem erzählen konnte. Schließlich hielt ich es nicht länger aus und rief meine Tante an, zu der ich ein sehr gutes Verhältnis habe. Einerseits musste ich es jemanden erzählen und andererseits war sie Krankenschwester.

Mir war nämlich in den Sinn gekommen, dass ich bereits über Monate hohe Dosen an Kortison zu mir nahm, da mir meine Haut seit geraumer Zeit wieder zu schaffen machte. Der Gedanke, dass das ungeborene Kind in mir Schaden davontragen könnte, ließ mir seither keine Ruhe mehr. Vielleicht wusste sie mehr über die Auswirkungen. Barbara freute sich sehr für mich, sie hatte gewusst, wie lange ich mir schon ein Kind gewünscht hatte.

Ich hatte sie erst vor einigen Tagen gesehen und bei meinem Strahlen hatte sie schon so etwas vermutet. So genau Bescheid wusste sie auch nicht wegen des Kortisons, sie versprach aber, sich bei den Ärzten schlauzumachen.

Ich zählte jeden einzelnen Tag, bis Stefan zurückkam.

Endlich war es so weit. Braun gebrannt und erholt nahm ich ihn am Flughafen in Empfang. Es fühlte sich so gut an, von ihm in den Arm genommen zu werden. Stefan hatte die glorreiche Idee, direkt nach Zürich zum Seenachtsfest zu fahren.

„Nein, das geht nicht", kappte ich seine Partylaune und steuerte schnurstracks Richtung Auto. Jetzt konnte ich nicht länger warten. Ich wollte so schnell wie möglich mit ihm nach Hause. Er musterte mich etwas konsterniert von der Seite, stieg aber ein. Auf der Heimfahrt war ich so angespannt, dass ich kaum ein Wort herausbrachte. Zu Hause angekommen, wollte er doch allen Ernstes zuerst seinen überdimensional großen Poststapel durchgehen. Da platzte mir der Geduldsfaden. Ich bugsierte in kurzerhand aufs Sofa und setzte mich vor ihn hin.

„Vor rund zwei Monaten habe ich dir gesagt, dass du nicht mehr Single bist. Nun sag ich dir, dass wir bald nicht mehr zu zweit sind", platzte es aus mir heraus.

Er schlug beide Hände über dem Kopf zusammen, strich sich mit den Fingerspitzen über die Stirn und grinste übers ganze Gesicht.

„Mann, der Plaar wird Vater!"

Ich war so erleichtert, dass er keinen Moment gezögert hatte und sich über unser gemeinsames Kind freute.

Ich war die glücklichste auf Erden wandelnde werdende Mutter. Ich verbrachte Stunden in den Babygeschäften und schaute mir die süßen Babykleider an. Unglaublich, wie winzig alles war. Wie viele goldige Strampler, Käppchen, Söckchen und Schühchen es gab. Am liebsten hätte ich sie alle auf einmal gekauft. Ich wusch die Kleider, bügelte jedes Söckchen einzeln. Ich bin ansonsten ein Vertreter des Nichtbügelns und bin der Meinung, das glättet sich beim Tragen. Ich legte alles mit so viel Hingabe zusammen, als würde ich einen Wettkampf in Origami bestreiten. Ich war selig und vergaß, dass es mir gesundheitlich gar nicht so gut ging.

Meine Haut spielte ihr ganz eigenes Spiel, ließ mich von einem Tag auf den anderen wie Quasimodo aussehen, indem sie an den unmöglichsten Stellen aufschwoll und mich mit ihrem Juckreiz fast in den Wahnsinn trieb. Manchmal fragte ich mich, ob sich da jemand ein perfides Spiel ausdachte, um die Liebe und Loyalität Stefans auf Herz und Nieren zu testen. Schließlich hatte er es mit einer Frau zu tun, die nebst ihren Schwellungen im Gesicht und am Körper auch noch durch die Schwangerschaft bedingt wie ein Pfannkuchen aufzugehen schien und gleichzeitig die hormonell bedingten Hochs und Tiefs einer Schwangeren durchlief.

Er bestand die Prüfung mit Bravour, fuhr mit mir zum Ultraschall beim Frauenarzt und kurz darauf zum Heilpraktiker, der meine außer Rand und Band geratene Haut wieder ins Lot bringen sollte. Ich muss ihm im Nachhinein ein Kränzchen binden, ich denke, dass nicht viele dieser Herausforderung gewachsen gewesen wären.

Stefan ist kein Mann der großen Worte, der großen Liebesbeschwörungen. Er ist vielmehr ein Mann der Taten, in denen er seine Liebe zum Ausdruck bringt. Er hat mir damals schon gezeigt, dass ich mich 200-prozentig auf ihn verlassen konnte, und darin hat sich bis heute nichts geändert. Ich hatte unglaubliches Glück, dass ich nach meiner chaotischen Männer-Odyssee gerade diesen Mann gefunden habe.

Auf einer halbstündigen Autofahrt beschlossen wir spontan, dass wir zusammen ein Haus kaufen wollten. Wir setzten uns einen Abend lang vor den PC und suchten nach möglichen Objekten. Am folgenden Wochenende fuhren wir die Häuser ab und fanden sofort unser Wunschhaus. Auf der angebrachten Tafel war nicht ersichtlich, ob das Haus noch zu haben war. Der Architekt weilte derzeit in den Ferien. Sein Rückruf erreichte uns, als wir mitten in München genüsslich einen Cappuccino tranken. Stefan reckte den Daumen in die Höhe, was bedeutete, dass es noch zu haben war.

„Okay, dann ist es jetzt verkauft. Wir nehmen es."

So etwas hatte der Architekt wohl noch nie erlebt. Er kam aus dem Staunen nicht mehr raus und wollte auf eine gemeinsame Besichtigung des Objektes drängen.

„Das ist nicht nötig, wir haben es uns bereits angeschaut. Wir nehmen es!"

Während andere monatelang von einer Ausstellung zu anderen tingeln, um die Inneneinrichtung des Hauses auszuwählen, schafften wir es, die Küche und die sanitären Anlagen innerhalb eines Morgens auszusuchen. Die Tatsache, dass wir exakt den gleichen Geschmack hatten, erleichterte das Unterfangen ungemein. Der Architekt verstand die Welt nicht mehr.

Im Dezember zogen wir in unser neues Heim ein. Unser Baby, das von unserem an den Tag gelegten Tempo wohl angespornt worden war, schien es besonders eilig zu haben, denn es wollte zwei Monate zu früh das Licht der Welt erblicken.

Am Morgen hatten wir die Lampe im Kinderzimmer aufgehängt und somit das Zimmer fertig eingerichtet. Auf dem Spaziergang am Nachmittag hatte ich ein verdächtiges Ziehen im unteren Bauch. Ich dachte mir nicht viel dabei, das waren bestimmt Vorwehen, weil sich der Bauch langsam senkte.

Anschließend schauten wir noch kurz bei Stefans Vater vorbei. Auf der Toilette musste ich stutzen. Eigentlich war ich mit Wasserlassen fertig, doch es lief einen Augenblick einfach weiter. Seltsam! Ich stand auf, lief auf den Korridor und hielt inne. Plötzlich lief mir das Wasser warm an den Oberschenkeln runter bis in die Schuhe.

„Ich glaube, mir ist gerade die Fruchtblase geplatzt", eröffnete ich Stefan, der soeben um die Ecke gebogen kam.

„Das ist nicht möglich. Das ist viel zu früh. Du hast zu viel Tee getrunken. Du pinkelst dir in die Hose."

„Ich werde doch wohl noch wissen, ob ich mir in die Hose mache oder nicht. Nein, das ist die Fruchtblase. Wir müssen nach Hause", entgegnete ich entrüstet.

Der sonst stoische, nicht aus der Ruhe zu bringende Stefan zeigte Nerven. Er insistierte, dass das nicht möglich sei, weil viel zu früh und überhaupt. Zu Hause packte ich mir ein dickes Frotteetuch zwischen die Beine, damit ich nicht die ganze Wohnung unter Wasser setzte, während ich das Nötigste in eine Tasche warf. Die hatte ich noch nicht gepackt. Warum auch? Ich hatte ja noch zwei Monate Zeit, dachte ich zumindest.

Im Krankenhaus bestätigte man mir, dass es kein Fehlalarm und auch kein Übermaß an Tee war. Die Fruchtblase war gesprungen. Aus welchen Gründen auch immer. Während ich auf dem Bett lag und wir auf den Arzt warteten, gingen wir die Liste der Namen durch. Wir hatten uns noch nicht definitiv entschieden. Dass es ein Mädchen wurde, wussten wir bereits von meinem Arzt, der sich beim Ultraschall verplappert hatte. Zum Glück täuschte er sich nicht, wir hätten wohl kaum einen Namen für einen Jungen auf Lager gehabt.

Der Arzt eröffnete uns, dass im jetzigen Entwicklungsstadium die Lunge des Kindes noch nicht ausgereift sei. Man gab mir deshalb ein spezielles Präparat, um die Lungenentwicklung zu beschleunigen. Zugleich bekam ich Wehenblocker, da die Wehen nach erfolgtem Blasensprung irgendwann automatisch einsetzen. Im Idealfall sollte das Medikament 72 Stunden wirken. Jeder Tag, den ich das Ungeborene länger im Mutterleib behielt, war Gold wert.

Am nächsten Tag wurde ich mit der Tatsache konfrontiert, dass unser Baby nicht gesund beziehungsweise noch nicht voll entwickelt zur Welt kommen könnte. Da die Lunge in diesem Alter noch nicht ausgereift war, konnte es durchaus sein, dass es beatmet werden und für längere Zeit auf der Intensivstation betreut werden müsste. Zudem war davon auszugehen, dass der Schluckreflex noch nicht voll entwickelt wäre, was eine künstliche Ernährung bedingte.

Eine Ärztin informierte mich einfühlsam über die möglichen Komplikationen. Sie zeigte mir Bilder von Frühgeburten, die wie kleine Häufchen unter unendlich vielen Kabeln und Schläuchen kaum zu erkennen waren. Ich betrachtete die Fotos mit Tränen in den Augen. Die Schwangerschaft war so problemlos gewesen, dass ich mir nie zuvor Gedanken gemacht hatte, dass mein Kind nicht gesund zur Welt kommen könnte. Für mich stand es außer Frage. Ich hatte zum Glück noch eine Woche Zeit, um mich mit dem Gedanken zu befassen. Ich stellte mich auf alles ein.

Die Ärzte strebten eine Spontangeburt an, da die Herztöne des Kindes gleichmäßig waren. Ich wünschte mir aus tiefstem Herzen, dass unser Kind gesund war und selbstständig atmete.

Ich glaube, ich war nie glücklicher, als ich ihr lautes Schreien hörte, als sie den Mutterleib verließ. Ein kräftiges Schreien, das bedeutete, dass sie selbst in der Lage war zu atmen, dass sie ihr Leben gleich zu Beginn in die Hand nahm. Ich war überglücklich als sie mir kurz auf den Bauch gelegt wurde. Ich hatte es mir so sehr gewünscht, hatte aber in den kühnsten Träumen nicht damit gerechnet, da Siebenmonats-Kinder in der Regel gleich an die Geräte angeschlossen werden müssen.

Sie war ein gesundes, starkes Mädchen. 43 Zentimeter und 2200 Gramm. Manch Baby wiegt beim regulären Geburtstermin nicht viel mehr. Ich schaute in ihr winziges, wunderschönes Gesicht, nahm ihre Händchen, deren Fingernägel kleiner als ein Reiskorn waren. Ein Wunder. So ein kleiner Mensch und alles war dran. Unfassbar!

Ich kann das Glück, das ich empfand, nicht in Worte fassen. Es war, als würde ich das Kostbarste auf der Welt in Händen halten. Ein ganz besonderes Wesen, ein Geschenk Gottes. All meine Wünsche waren in Erfüllung gegangen. Ich war erfüllt von Dankbarkeit und Liebe für diesen kleinen Engel. Giulia Fabienne Plaar wurde am 14. Januar 2005 geboren. Genau zum 60. Geburtstag ihres Großvaters mütterlicherseits.

Drei Wochen später durften wir unseren Schatz mit nach Hause nehmen, obwohl es anfangs geheißen hatte, dass wir mit acht Wochen zu rechnen hätten. Aber Giulia war von Beginn an ein besonderes Kind. Eine kleine Kämpferin, die geboren worden war, um ihr Licht und ihre bedingungslose Liebe in die Welt zu bringen.

23
Erneute Prüfung

Viele meiner Wunden sind verheilt, sowohl die psychischen als auch die körperlichen. Meine Krankheit ist leider nicht von der Bühne meines Lebens verschwunden. Ich habe immer noch mit deren Auswirkungen und Spätfolgen zu kämpfen.

So ist die Medikamentenunverträglichkeit nach wie vor geblieben. Was das für Konsequenzen nach sich ziehen kann, musste ich im April 2010 schmerzlich erfahren.

Eine akute Entzündung der Gallenblase erforderte eine notfallmäßige Operation. Auf die Frage, welches Antibiotikum mir der Arzt verabreichen könne, blickte ich ihn nur ratlos an. Ich konnte ihm lediglich sagen, was er mir auf keinen Fall geben durfte. Leider beinhaltet mein Allergie-Pass, den ich ständig bei mir tragen muss, keine Liste mit denjenigen Medikamenten, die ich vertrage. Da stehen nur die drin, die ich nicht vertrage.

Die Operation verlief problemlos. Ich fühlte mich wie neugeboren, als ich nach der Narkose ohne Schmerzen und Übelkeit erwachte. Meine Freude sollte aber nicht von langer Dauer sein. Schon kurz darauf verspürte ich einen starken Juckreiz auf meiner Haut. Da stimmte etwas nicht. Die Ärztin zeigte sich nicht sehr beunruhigt über meinen beginnenden Hautausschlag. Erst, als ich Mühe beim Atmen hatte und Fieber bekam, herrschte auf einmal Panik.

Mit einer Sonde, die sie mir in die Nase einführte, machte sie sich ein Bild von dem Ausmaß der Schwellung der Atemwege. Normalerweise hätte man mir ein Anästhetikum, das die Schleimhäute unempfindlich gemacht hätte, verabreicht. Aus Angst, dass ich darauf allergisch reagieren könnte, verzichtete sie darauf. Die Untersuchung war derart unangenehm, dass ich erst im Nachhinein realisierte, dass sich meine Hand in ihr Bein gekrallt hatte, um den Schmerz zu ertragen.

Ich wurde unverzüglich auf die Intensivstation verlegt, wo ich genauestens überwacht wurde, während man mir über den Tropf Kortison verabreichte. Überall hingen Kabel und Schläuche an mir, um meinen Kreislauf und die Herzfrequenz zu überwachen.

Ich rief Stefan an und teilte ihm mit, dass ich auf der Intensivstation lag.

„Ich komme sofort", meinte er.

„Nimm Giulia nicht mit, das ist nichts für sie hier", bat ich ihn eindringlich.

Als er kurz darauf auf mein Bett zukam, freute ich mich zuerst, entdeckte aber, dass er Giulia an der Hand führte, die sich hinter ihm zu verstecken schien.

„Ich habe doch gesagt, du sollst sie nicht mitbringen", fuhr ich ihn an.

„Ich wusste nicht, wem ich sie bringen sollte", zuckte er entschuldigend die Schultern.

In dem Augenblick wäre es mir lieber gewesen, er wäre gar nicht gekommen. Ich wollte nicht, dass Giulia mich so sah. Ein Kind mit fünf Jahren sollte seine Mutter nicht so sehen müssen.

Ich blickte in ihr kleines, verängstigtes Gesicht. Erschrocken blickte sie sich um, registrierte die vielen Kabel und Maschinen. Sie schien förmlich an Stefan zu kleben, klammerte sich ängstlich an seine Hand. Ich spürte ihre Angst, ihr Unwohlsein, ich spürte, wie sie am liebsten gleich wieder aus dem Raum geflüchtet wäre. Es tat mir so weh, dass ich die Ursache für ihre Angst und Unsicherheit war.

Ich versuchte, sie zu überreden, sich zu mir aufs Bett zu setzen. Sie stand da wie angewurzelt, unfähig sich mir zu nähern. Sie schaffte es kaum, mich anzusehen, hielt den Blick auf den Boden gesenkt. Eigentlich hätte ich sie aufmuntern sollen, ihr sagen, dass ich bald wieder nach Hause käme, dass all die Maschinen um mich herum nichts zu bedeuten hätten. Ich konnte es nicht, zu groß war meiner Unsicherheit über das, was gerade mit mir passierte, zu groß die Ungewissheit, was kommen könnte. Die Angst saß zwischen uns wie ein schreckliches Gespenst. Lähmte uns, hinderte uns etwas zu sagen, wofür ohnehin die Worte fehlten.

Ich war fast froh, als sie gingen. Ich konnte unsere Hilflosigkeit nicht ertragen. Und doch zerriss es mir fast das Herz, als ich sie beide aus der Tür gehen sah.

Würde ich sie wiedersehen?

Ich versuchte diese Frage wieder abzuschütteln und doch hing sie mir im Nacken wie eine Bestie, die sich festgebissen hatte und mich nicht mehr losließ.

Nach einer unruhigen Nacht auf der Intensivstation wurde ich erneut auf die allgemeine Station verlegt. Mein Kreislauf hatte sich wieder stabilisiert, die Atemwege waren frei. Aber ich wusste, dass ich noch nicht durch war. Als sich dann große Blasen an den Handinnengelenken bildeten, war mir klar, dass ich das Antibiotikum nicht vertrug. Es war, als hätte ich ein schreckliches Déjà-vu. Schlagartig waren die Erinnerungen von vor 17 Jahren so präsent, als wäre es erst gestern gewesen.

„Bitte, lieber Gott, lass das nicht wahr sein", flehte ich innerlich.

Damals hatte ich die zwanzig gerade mal überschritten, ich strotzte vor Gesundheit. Ich hatte keine Ahnung, was auf mich zukommen sollte. Heute wusste ich, welche Höllenqualen mich erwarteten, sollte das eintreffen, was ich befürchtete. Ich versuchte gegen die Panik, die mir die Kehle abschnürte und mich zu lähmen drohte, anzukommen. Ich musste Ruhe bewahren, zumal ich realisierte, dass die Ärzte um mich herum heillos mit dieser Situation überfordert waren.

In meiner Not kam mir nur einer in den Sinn, der mir wirklich helfen konnte: Dr. Shanti.

Stefan machte seine Privatnummer ausfindig. Mittlerweile war er in Rente. Er riet mir, mich unverzüglich in eine größere Klinik mit dermatologischer Abteilung, die für solche Fälle spezialisiert sind, überweisen zu lassen. Ich drängte auf meine Verlegung.

Auf der Fahrt im Ambulanzwagen versuchte ich, mich innerlich zu beruhigen. Vielleicht war es gar nicht so schlimm, bloß eine starke Hautreaktion. Bald würde man mir Entwarnung geben. In ein paar Tagen würde alles wieder gut sein.

Leider konnten mir die Ärzte die erhoffte Entwarnung nicht geben. Zum jetzigen Zeitpunkt sah es so aus, als könnte es durchaus in ein zweites Lyell-Syndrom münden. Man hatte aber in den letzten Jahren medizinisch Fortschritte gemacht. Inzwischen gab es ein Medikament, sogenannte Immun-Globuline, welche die körpereigene Abwehrreaktion beschleunigen, um den Krankheitsverlauf zu stoppen. Es galt, die nächsten drei Tage abzuwarten, ob das Medikament anschlug.

Als die Ärzte das Zimmer verließen, fühlte ich mich, als hätte man mir den Stecker rausgezogen. Ich spürte nur noch eine Taubheit, eine gähnende Leere in mir, die mich mit ihrem weit aufgerissenen Maul zu verschlucken drohte. Sämtliche Kraft verließ mich. Ich zweifelte, ob ich das noch einmal schaffte, sollte es denn so sein. Ich fühlte mich wie in einem Strudel von Gefühlen, die sich gegenseitig überschlugen. Nicht noch einmal diese Schmerzen, das monatelange abgeschirmt sein von allem Leben. Schon wieder kämpfen. Ich war so müde! Dann lieber gleich auf der Stelle tot sein, einfach Schluss und fertig.

Dann wurde die Ohnmacht und Resignation von einer tiefen Traurigkeit abgelöst. Schlagartig wurde mir bewusst, dass mein Tod bedeutete, dass ich nicht miterlebte, wie meine Tochter heranwuchs, wie sie an ihrem ersten Schultag stolz ihren Schulranzen auf dem Rücken trug. Ich könnte nicht sehen, wie aus ihr eine wunderbare, schöne Frau wurde, sie nicht tröstend in die Arme nehmen, wenn sie ihren ersten Liebeskummer durchlebte, mir die Tränen der Rührung wegwischen, wenn sie ein liebevoller Mann vor den Traualtar führte. Nie mehr würde ich ihr strahlendes Lachen, bei dem mir stets das Herz aufging, erleben.

Die Angst, all das zu verlieren, was ich mir so lange erträumt hatte, meine kleine Familie war so unfassbar riesig, als würde mich eine gewaltige Steinlawine unter sich begraben. Jede einzelne Faser schrie in mir, erflehte die Gnade Gottes, mich jetzt nicht allein zu lassen.

Aus dem Sumpf meiner Gedanken nahm ich das Pfeifen meines Handys neben meinem Bett wahr. Es war, als wäre Stefan gerade stiller Zeuge meiner Gedanken gewesen, als hätte er gemerkt, dass er mich wachrütteln müsse. In den wenigen Worten spürte ich seine ganze Liebe und Unterstützung: „Deine Tochter und dein Mann warten auf dich. Wir brauchen und wir lieben dich. Du musst jetzt stark sein!"

Seine Nachricht war wie ein Elektroschock, der mich zurück ins Leben katapultierte. Ich schämte mich fast für die Gedanken, die ich wenige Minuten zuvor gehabt hatte. Nein, ich konnte mich nicht einfach so aus dem Staub machen. Ich hatte eine Verantwortung meiner Tochter und meinem Mann gegenüber. Da gab es noch so vieles, das ich zu tun hatte. Ich konnte die beiden nicht im Stich lassen. Und ich war es mir selbst schuldig, dass ich mich nicht einfach aufgab. Ich wurde gewahr, wie mein Kampfgeist erwachte, spürte das Pulsieren in meinen Adern, realisierte, dass mein Körper den Widerstand bereits aufgenommen hatte. Bevor klar war, ob das Medikament anschlug, hatte ich entschieden, dass ich es schaffte, ganz egal, was kommen würde.

Sie begannen mit der Therapie. Das Medikament wurde mir über die Infusion verabreicht. Mein Körper arbeitete auf Hochtouren. Ich merkte, wie er sich zur Wehr setzte. Er wurde glühend heiß, das Fieber ließ das Blut in meinen Ohren rauschen. Ich war vollkommen erschöpft und fiel endlich in einen unruhigen Schlaf.

Am nächsten Tag erfolgte die Abgabe der zweiten Dosis des Medikamentes. Das Fieber stieg, sehr zur Sorge der Ärzte. Sie wollten auf die Gabe eines fiebersenkenden Mittels verzichten, um nicht noch weitere allergische Reaktionen auf den Plan zu rufen. Ich zog mich ganz in mein Inneres zurück, spürte mich in meinem Wesenskern und verband mich mit ihm. Ich kam in eine tiefe meditative Ruhe, stellte mir vor, wie kühlendes Wasser durch mich hindurchfloss, um die Hitze in mir zu kühlen.

Es funktionierte, das Fieber sank. Ich visualisierte vor meinem inneren Auge, wie sich meine körpereigenen Zellen gegen die schädlichen Auswirkungen der Medikamente zur Wehr setzten. Innerlich lief ein grausamer Kampf ab. Ich ließ die beiden feindlichen Armeen gegeneinander auflaufen. Stellte mir vor, wie der Gegner Stück um Stück fiel.

Dann kam die erlösende Diagnose. Das Lyell-Syndrom war abgewendet. Die Krankheit nahm nun den Verlauf einer medikamentösen allergischen Reaktion, die bei mir allerdings außergewöhnlich großflächig verlief. Man bereitete mich darauf vor, dass sich die Haut abschälen würde und dass ich unter Umständen erneut einen Pigmentverlust erleiden könnte.

Meine Pigmente, die sich über die Jahre so zögerlich regeneriert hatten, einfach wieder herzugeben, kam für mich gar nicht infrage. Die Ärzte grinsten über meine Unverfrorenheit und bezweifelten, ob ich darauf Einfluss hätte.

Das Knallrot meiner Haut wich einer bläulich-schwarzen Färbung. Vor allem die Beine sahen aus, als wären sie am Verfaulen. Aber ein Drücken darauf bestätigte mir, dass da noch Leben drin war.

Heute Nachmittag kamen Giulia und Stefan mich besuchen. Ich zog mir eine Trainingshose an, um die schwarzen Beine zu verdecken. Zu gut war mir der ängstliche Blick meiner Tochter in Erinnerung geblieben, als sie mich das letzte Mal gesehen hatte. Ich wollte ihr den Anblick ersparen. An diesem Tag war es jedoch so heiß, dass ich die Hose bald wieder auszog und mich mit dem Leintuch bedeckte.

Ich war schon ganz aufgeregt, freute mich riesig, meinen kleinen Engel wiederzusehen. Langsam und zögerlich kam sie mit ihrem Papa ins Zimmer. Suchend schaute sie sich im Zimmer um. Unsere Blicke trafen sich. Und da war es, ihr Lächeln, das die Sonne aufgehen ließ. Ich konnte nicht anders, die Tränen der Rührung liefen einfach runter. Ich war selig, als sie zu mir ans Bett eilte und mich mit ihren kleinen Armen umschloss. Ich hätte sie am liebsten gar nicht mehr losgelassen. Sie stellte mir viele Fragen. Was das Ding in meinem Handrücken sei, was in den Beuteln, die am Ständer hingen, drin sei. Mein Bett fand sie ganz cool, weil man es hoch- und runterfahren konnte. Ich war so erleichtert, dass sie ihre Unbefangenheit wieder gefunden hatte. Glücklich schaute ich ihr zu, wie sie die Schokolade, die ich geschenkt bekommen hatte, in sich hineinstopfte.

Nun trat Stefan, der sich dezent im Hintergrund gehalten hatte, vor. Er setzte sich zu mir aufs Bett, umarmte mich. Wir hielten uns eine ganze Weile einfach nur fest. Ich spürte seine innere Ruhe und Gelassenheit, die Wärme des Mannes, der zu meinem Fels in der tosenden Brandung geworden war. Er ist kein Mann der großen Worte, wird es wohl nie sein. Aber allein durch die Selbstverständlichkeit, dass er bedingungslos für mich da war, zeigte er mir auf seine Art seine Liebe. In dieser innigen Umarmung lag unsere ganze Erleichterung und Dankbarkeit darüber, dass ich auf dem Weg der Besserung war.

Mir war, als spürte ich einen leichten Sprung in meinem Herzen. Es war einer der Momente, in denen ich die Barrieren, die mich vor Verletzungen schützen sollten, vollkommen fallen lassen konnte. Wie wenn die Liebe einfach floss und uns miteinander verschmelzen ließ. Es war ein Moment, in dem ich schwach sein, mich an meinen Mann anlehnen durfte. Ich musste in meinem Leben viel kämpfen. Kämpfen, um zu überleben. Mit Stefan hatte ich jemanden an meine Seite gestellt bekommen, der für mich mitkämpfte. In dem Augenblick wurde ich innerlich ganz weich, verlor die kämpferische Härte, die es mir manchmal so schwer machte, meine weichen Seiten ihm gegenüber zu leben. Ich erfuhr, dass ich auch mal schwach sein kann, ohne meine innere Stärke zu verlieren.

Stefan hatte einmal mehr bewiesen, dass ich auf ihn zählen konnte. Ich wusste, dass er zu Hause alles wunderbar im Griff hatte, dass ich mir um Giulia keine Sorgen zu machen brauchte. Er war schon immer ein großartiger Vater gewesen. Ich hatte sie wieder, meine kleine Familie.

Als ich dann zur Toilette musste, wollte Giulia mit. Ich wusste, dass ich nun meine Beine nicht länger verbergen konnte. Sie entdeckte sie erst, als ich auf dem Klo das Spitalhemd hob.

„Mama, Mama! Deine Beine sind ganz, ganz schwarz", platzte es entsetzt aus ihr heraus.

Ich erklärte ihr, dass das so ähnlich sei, wie wenn sie einen blauen Fleck bekam, wenn sie heftig gegen etwas gestoßen sei. Nur, dass ich halt einen ganz, ganz großen blauen Fleck hätte.

„Aber das wird alles wieder gut", versprach ich ihr.

Am nächsten Tag begegnete ich einem älteren Mann. Er hatte mich schon die ganze Zeit mit seinen Augen fixiert, während ich den Gang entlanglief. Er saß in einem Rollstuhl und hatte seine Hände im Schoß verschränkt. Jede seiner Falten, die sich durch sein Gesicht zogen, schien eine eigene Geschichte zu erzählen. Säuerlich verzog er den Mund und sprach mich an. Seine Stimme war rau und schneidend.

„Ich habe Sie mit Ihrer Tochter gesehen. Sie sollten nicht hier sein! Ich beobachte Sie schon seit Tagen und frage mich, was mit Ihnen los ist. Aber hier sagt einem ja niemand was. Die haben gemeint, ich müsse Sie schon selber fragen."

Als wäre somit klar, dass in seiner Feststellung eine Frage lag, hob er erwartungsvoll die Augenbrauen.

Ich kannte diesen Mann nicht. Aber irgendetwas in mir brachte mich dazu, ihm meine Krankengeschichte zu erzählen. Er hörte mir schweigend zu, während sein Blick immer düsterer wurde und er die Augenbrauen zusammenknitterte, dass sich seine Stirn noch mehr furchte. Kaum war ich fertig, wurde sein Kopf ganz rot und seine Wut, die sich immer mehr gestaut hatte, entlud sich.

„Wie können Sie dann verdammt noch mal so ruhig, so gelassen sein! Ich verstehe das nicht! Haben Sie sich nie gefragt, warum ausgerechnet Ihnen diese ganze Scheiße passiert?"

In der Art und Weise, wie er dieses „Warum" betonte, schien seine ganze eigene Verbitterung über seinen langen Leidensweg mitzuschwingen.

Ich hielt einen Augenblick inne, grub in meinen Erinnerungen.

„Nein, das habe ich mich ehrlich gesagt nie gefragt. Es war mir immer klar, dass die Frage nach dem „Warum" nichts bringt. Ich habe mich vielmehr gefragt, was mir das alles zeigen will, wohin es mich führen soll. Wissen Sie, ich bin überzeugt davon, dass nichts einfach so geschieht. Alles hat einen tieferen Sinn, auch wenn wir das im Moment nicht immer erkennen können. Ich war nie verbittert über das, was mir geschehen ist."

Er schaute mich sprachlos an, sein Mund war leicht geöffnet und er schien seinen eigenen Gedanken nachzugehen. Dann erhellte sich sein Gesicht für den Bruchteil von Sekunden, es war, als wäre er um einen Schlag um Jahrzehnte verjüngt. Ich erkannte, dass er gar nicht so alt war, wie ich ihn eingeschätzt hatte. Seine Bitterkeit war wie weggeblasen. Er grinste mich an.

„Nun dann", beendete er unsere Unterhaltung und verpasste seinem Rollstuhl einen energischen Anstoß, um darauf im angrenzenden Zimmer zu verschwinden.

Ich kehrte immer noch verwundert über diese seltsam anmutende Begegnung in mein Zimmer zurück. Einige Zeit später kam eine Krankenschwester zur Tür hereingerauscht.

„Was haben Sie bloß mit dem alten Griesgram gemacht? Der ist ja nicht mehr wiederzuerkennen. Wie ein ausgewechselter Handschuh. Ich habe gar nicht gewusst, dass der auch freundlich sein kann. Sonst scheucht er uns immer rum wie ein Sklaventreiber."

„Gar nichts, ich hab bloß mit ihm geredet."

Die letzten beiden Tage im Krankenhaus verstrichen sehr schnell. Ich hatte angefangen zu malen. Stefan hatte mir einen Block und Ölkreiden mitgebracht. Ich malte stundenlang, bis sich auf einmal die Frau, die mit mir auf dem Zimmer lag, hinzugesellte. Sie begann zu malen und erzählte mir dabei ihre ganze Lebensgeschichte. Sie war so sehr ins Malen und Erzählen vertieft, dass sie gar nicht realisierte, dass ich meine Kreide abgelegt hatte und nur noch zuhörte, wie sie über ihr bewegtes, von unzähligen Krisen und Krankheiten geprägtes Leben sprach. Plötzlich hielt sie inne und blickte mit Tränen gefüllten Augen auf.

„Das hab ich noch nie jemandem erzählt. Vielleicht sollte ich das öfter tun."

Den Rest des Tages verbrachte ich als „Untersuchungs-Objekt". Man hatte mich gefragt, ob ich Lust hätte, mich als Patientin für die Abschlussprüfung der Medizinstudenten zur Verfügung zu stellen. Für mich war es eine willkommene Abwechslung.

Bei der ersten Prüfungskandidatin war ich wohl fast genauso nervös wie sie. Ich litt mit ihr mit, als sie auf die gestellten Fragen so ziemlich herumeierte und leicht überfordert zu sein schien. Mittlerweile wusste ich so viel über meine Krankheit, dass ich ihr am liebsten die Antworten eingeflüstert hätte.

Der zweite Prüfungskandidat bestand seine praktische Prüfung mit Bravour. Er zeichnete sich durch sein exzellentes Fachwissen und seine ganz besonders einfühlsame Art aus, in der er die Fragen zu meiner Krankengeschichte stellte. Der Experte war voll des Lobes. Am liebsten hätte ich dem Prüfling selbst zur bestandenen Prüfung gratuliert, konnte meine Freude aber gerade noch im Zaun halten.

Nach gut einer Woche konnte ich das Krankenhaus verlassen, obwohl man mir angekündigt hatte, dass ich mit dreien zu rechnen hätte. Ich ging aber nicht, bevor ich mich von dem Herrn im Rollstuhl verabschiedet hatte.

Als ich das Zimmer, in dem er mit drei anderen Patienten lag, betrat, empfing mich eine ausgelassene Stimmung. Der Mann lag lachend in seinem Bett und freute sich sichtlich über mein Erscheinen. Ich wünschte ihm alles Gute.

Er drückte mir die Hand und entließ mich mit den Worten: „Gehen Sie nach Hause zu Ihrer Tochter, wo Sie hingehören. Und kommen Sie nie wieder hier hin."

„Ich gebe mein Bestes", versprach ich augenzwinkernd.

24
Bewusstsein heilt

Der Schreck der letzten Wochen saß uns allen noch in den Gliedern. Jeder von uns verarbeitete das Erlebte auf seine ganz eigene Weise.

Giulia war in dieser Zeit sehr anhänglich, suchte viel meine körperliche Nähe. Sie war sehr zerbrechlich, wirkte manchmal in sich gekehrt. Die kleine Fünfjährige war ein Stück weit aus ihrer heilen Welt gerissen worden, einer Welt, in der es nur so von Feen und Prinzessinnen wimmelte. Sie hatte erfahren, dass die Welt nicht immer in rosa Pastelltöne getunkt ist.

Von einem Tag auf den anderen war sie damit konfrontiert worden, dass der Tod ein Bestandteil des Lebens ist und dir ohne Vorankündigung einen geliebten Menschen entreißen kann.

Sie stellte mir viele Fragen über den Tod, wollte wissen, ob ich, wenn ich in Afrika lebte, jetzt tot wäre, weil man da nicht so gute Medikamente hätte. Manchmal fühlte ich mich fast schon schuldig, sie so früh aus ihrer Unbekümmertheit geworfen zu haben. Ich hatte gehofft, damit noch warten zu können. Ich sah mich als Mutter vor die neue Aufgabe gestellt, ihr beizubringen, dass es neben dem Hellen und Heiteren auch das Dunkle und Traurige gab.

Auch ich stellte mir in dieser Zeit viele Fragen. Eine Frage, die mir ein unbekannter Mann im Rollstuhl gestellt hatte, ging mir nicht mehr aus dem Sinn.

„Haben Sie sich nie gefragt, warum Ihnen diese ganze Scheiße passiert?"

Nach dem „Warum" zu fragen, erschien mir müßig. In dem „Warum" steckte mir zu viel von dem Gedanken nach Schuld und Sühne im Sinne von, was habe ich getan, dass ich so etwas erleben und erleiden muss. Es hört sich nach einem strafenden, nachtragenden Gott an, der die Taten der Menschen be- und verurteilt. Ich habe Gott so nie erlebt. Die Frage nach dem „Warum" bringt dich nicht weiter.

Vielmehr ging ich der Frage nach, was mir das Ganze zeigen wollte. Was sollte ich daraus lernen, was war mir noch nicht bewusst? Denn ich bin überzeugt davon, dass die Zeit nicht alle Wunden heilt, wie man so schön sagt. Lediglich ein verändertes Bewusstsein ist in der Lage zu heilen. Ich kann die Räder der Zeit nicht zurückdrehen, kann das Vergangene nicht ungeschehen machen. Was ich kann, ist die Einstellung, die Haltung dazu ändern. Ohne Bewusstseinsveränderung kann nichts wirklich heilen.

Ich habe mich nach meinem Lyell-Syndrom intensiv mit meiner Krankheit auseinandergesetzt. Ich habe gelernt, meine Krankheit als wegweisend anzuerkennen. Was ich aber nicht erkannt habe, ist, dass das eigentliche Wunder, das mir damals geschah, nicht nur die Tatsache war, dass ich überlebte.

Das große Wunder als solches erlebte ich vorher, und es machte das Überleben erst möglich.

In dem Augenblick, als ich mich von allem Materiellen und Körperlichen trennte, durfte ich erfahren, welcher Schatz jedem von uns innewohnt, welch enorme Kraft frei wird, wenn man mit seinem Selbst eins wird. Eine Kraft, die dich über dich hinauswachsen lässt, eine Kraft, die dich heilen lässt. Es mussten noch einmal 17 Jahre verstreichen, damit ich das, was ich damals intuitiv gemacht hatte, begriff.

Was aber hatte meine erneute Prüfung mit dem jetzigen Ereignis zu tun?

Seit ich meinen Beruf hatte aufgeben müssen, suchte ich meinen Platz im Leben. Ich haderte damit, dass mir meine Gesundheit Grenzen auferlegte. Ich fühlte mich dadurch so fremdbestimmt.

So sehr ich das Mutter-Dasein genoss, ich fühlte mich nicht vollends erfüllt. Ich verurteilte mich dafür, hielt mich für undankbar, denn immerhin hatte ich mir so sehnlich gewünscht, Mutter zu werden. Ich kam mir so wertlos, so unnütz vor. Ich suchte verzweifelt nach einer sinnvollen Aufgabe.

Ich hatte doch so große Pläne gehabt, wollte dabei sein, die Welt ein bisschen besser zu machen. Und jetzt war ich „bloß"

Mutter. Ich verspürte eine innere Unruhe, eine Rastlosigkeit. Meine Unzufriedenheit in mir wuchs und machte mich aggressiv. Manchmal entlud sich meine innere Anspannung heftig und traf gerade die Liebsten in meiner Nähe, die für meine Übellaunigkeit so gar nichts konnten. Das schlechte Gewissen, das dann an mir nagte, trug erst recht nicht dazu bei, meine Stimmung aufzuhellen.

Was ich nicht realisierte, war, dass ich die Anerkennung im Außen suchte, die ich mir selbst verweigerte. Ich war erneut auf dem Irrweg, mich selbst über die Wertschätzung anderer zu definieren. Ich hatte ein Stück weit die Demut verloren. Denn Demut bedeutet nichts anderes, als sich mit seinem Tun in den Dienst von etwas Höherem zu stellen, das letztendlich dem Wohlergehen der Gemeinschaft dient.

Es geht nicht darum, sich mit seinem Tun das Ego aufzupolieren, sich von außen sagen zu lassen, was für ein toller Hecht man doch ist und sich erst dadurch gut zu fühlen. Das ist nicht wohltätig oder gütig, sondern einfach egoistisch. Gutes Tun ist bedingungslos, erfolgt nicht in der Erwartung, etwas zurückzubekommen.

Es war hart, mir einzugestehen, dass ich mich mir selbst wieder so entfremdet hatte, dass es sich mein Ego wieder so richtig bequem gemacht hatte.

Große Taten müssen nicht immer laut und spektakulär daherkommen, oft sind sie subtil und zart. Große Taten sind geprägt durch eine tiefe, bedingungslose Liebe, denn nichts ist so kraftvoll wie die Liebe. Große Taten harren nicht dem Applaus. Sie kommen tief aus dem Herzen, sind durch das Tun allein erfüllend.

Ich musste mein Leben überdenken, meinen Platz und meine Aufgabe finden. Ich musste mein Selbstbewusstsein wiederfinden. Und damit meine ich nicht das, was landläufig darunter verstanden wird, das souveräne Auftreten in der Gesellschaft, dass sich behaupten. Nein, damit meine ich, dass ich mir erneut bewusst werden musste, was ich wirklich bin. Mich selbst wieder annehmen und lieben lernen mit all meinen Fähigkeiten, aber auch meinen Unzulänglichkeiten und Begrenzungen.

Das Ereignis hatte mir einmal mehr vor Augen geführt, wie schnell das Leben eine Kehrtwende machen kann und wie wichtig es ist, im Hier und Jetzt zu leben. Denn der gegenwärtige Moment ist im Grunde genommen alles, was wir je aktiv gestalten, verändern und leben können.

Heute lebe ich bewusster, nehme die kleinen Dinge, an denen ich vorher achtlos vorbeilief, wieder wahr. Freue mich über die ersten Schneeglöckchen, wenn der Winter sich verabschiedet, entdecke den Marienkäfer, der den Baumstamm hochkrabbelt, bestaune den Morgenhimmel, der sich in den schönsten Rosa- und Blautönen verfärbt. Ich lausche dem Rauschen der Pappeln, nehme das Spielen des Windes in meinem Haar wahr, genieße die letzten wärmenden Strahlen, bevor die Sonne untergeht.

Ich wähle bewusster aus, was ich tue, lerne, mich abzugrenzen, Nein zu sagen, wenn mir etwas nicht guttut. Ich entscheide, wie ich mich fühle. Indem ich die Verantwortung für mein Glück übernehme, entlasse ich den anderen aus der Tyrannei, mich glücklich machen zu müssen.

Gutes zu tun beginnt damit, meinen Mitmenschen liebevoll zu begegnen. Dem Fremden auf der Straße ein warmes Lächeln zu schenken, im mürrischen Nachbarn das Gutmütige zu entdecken, mir Zeit zu nehmen, jemandem richtig zuzuhören, das Kind am Straßenrand zu trösten, weil es sich beim Fallen das Knie aufgeschürft hat.

Allein schon, dass ich Liebe in etwas hineinstecke, macht es zu etwas Besonderem. Da können die Weihnachtsplätzchen, die ich mit meiner Tochter gebacken habe, noch so unförmig sein, sie schmecken einfach am besten. Da kann der schlichte Stein, den Giulia auf dem Schulweg gefunden hat, auf einmal so kostbar werden, weil sie ihn extra für mich ausgesucht hat.

Ich war froh darüber, mit einem blauen Auge davongekommen zu sein. Nichtsdestotrotz bin ich mir der der Tatsache bewusst, dass der Tag kommen könnte, an dem ich erneut krank werden könnte und ein Medikament bräuchte. Das zu akzeptieren, fällt mir nicht immer leicht, denn bereits ein unerwarteter Infekt kann den Gang zum Arzt zur Zitterpartie werden lassen. Ich bin dann heilfroh, wenn ich ohne Antibiotika durchkomme.

Ich kann daran nichts ändern, das Grübeln macht die Ohnmacht darüber nur noch größer und würde mich davon abhalten, das Jetzt zu leben und zu genießen. Was mir die Zukunft tatsächlich bringen wird, weiß ich nicht, aber ich werde mich dem stellen, wenn es auf mich zukommt, im Vertrauen darauf, dass mir meine Lieben und Gott beistehen werden.

Bis dahin genieße ich jeden Augenblick, bin dankbar für jeden einzelnen, gesunden, beschwerdefreien Tag. Sammle Erfahrungen, bis zu dem Tag, an dem ich die Tiefe und die Tragweite dieses kleinen Satzes erfahren und verinnerlicht habe: Ich bin.

Alles, was im Leben geschieht, hat einen Sinn. Das Leben mag uns nicht immer fair erscheinen, doch zielen alle Ereignisse und Begegnungen darauf ab, eine bestimmte Erfahrung zu erleben. Und das ist es doch letztendlich, weshalb wir Menschen inkarnieren. Wir alle kommen auf diese Welt, um eine ganz bestimmte Erfahrung zu machen. Von diesem Standpunkt aus betrachtet ist das, was einem geschieht, weder gut noch böse, es dient lediglich einem höheren Ziel. Gerade in der Krise liegt die Chance, die verborgene Kraft in dir zu entdecken und die Stärke deines Glaubens zu ermessen. Meine Krisen haben mich näher zu meinem wahren Selbst geführt.

Was auch immer in Ihrem Leben geschieht, nehmen Sie es als Chance, sich selbst und damit Gott zu verwirklichen. Denn letztendlich heißt eins mit sich sein nichts anderes als mit Gott zu sein.

25
Danke!

Zum Schluss möchte ich mich bei allen bedanken, die es mir ermöglicht haben, mein Buch zu realisieren.

Da sind zuerst einmal all die Ärzte, Krankenschwestern und Pfleger, ohne deren medizinisches Wissen und Pflege ich heute wohl nicht mehr am Leben wäre.

Bedanken möchte ich mich auch bei meiner Familie und meinen Freunden, die mich mit ihrer Liebe und Unterstützung durch meine Krankheit getragen haben.

Ein besonderer Dank geht an meinen Mann Stefan, auf den ich mich immer verlassen kann, der bedingungslos zu mir steht und mich tatkräftig in meinem Buchprojekt unterstützt hat. Danken möchte ich auch unserer wundervollen Tochter Giulia, die mich mit ihrem sonnigen Wesen jeden einzelnen Tag neu lieben lässt.

Auch möchte ich mich bei meinen Testlesern und -leserinnen bedanken, die mich immer wieder ermutigt haben, meine Geschichte aufzuschreiben. Dir, liebe Rita, danke, dass du mir auf die Füße getreten hast, als ich mich allzu schnell aus dem Schlusskapitel verabschieden wollte.

Auch meinem Verlag möchte ich danken. Es ist schön zu merken, dass Menschen an dich glauben und dafür einstehen und dir deinen Traum eines eigenen Buches ermöglichen.

Danke auch Michael Orlik, der die Fotos fürs Cover gemacht hat.

Zuletzt möchte ich Ihnen danken, lieber Leser und liebe Leserin, dass Sie sich die Zeit genommen haben, meine Geschichte zu lesen. Ich hoffe, Sie berührt und etwas in Ihnen ausgelöst zu haben, das Sie nun in die Welt tragen.

Die Autorin

Sandra Plaar, 1969 in St. Gallen geboren, beginnt das juristische Studium an der Universität Zürich. Die Einnahme einer Malariaprophylaxe lässt sie lebensgefährlich erkranken. Ihr Leben dreht sich um hundertachtzig Grad. Sie bricht das Studium ab und erfüllt sich ihren Kindheitsberufswunsch und wird Lehrerin aus Leidenschaft. Doch erneute gesundheitliche Probleme zwingen sie zur Aufgabe ihrer Lehrtätigkeit.
Sie lernt ihren zukünftigen Mann Stefan kennen, mit dem sie eine heute 9-jährige Tochter hat.

Es sollte über zwanzig Jahre dauern, bis sie die traumatischen Erlebnisse ihrer schweren Krankheit niederschrieb. Mit ihrer Autobiografie „Ich bin." erfüllt sie sich ihren zweiten Kindheitswunsch, schriftstellerisch tätig zu werden. Ihr Werk gibt Einblick in das Leben einer Kämpferin und einer unerschütterlichen Optimistin.

novum VERLAG FÜR NEUAUTOREN

Der Verlag

> *Wer aufhört*
> *besser zu werden,*
> *hat aufgehört*
> *gut zu sein!*

Basierend auf diesem Motto ist es dem novum Verlag ein Anliegen neue Manuskripte aufzuspüren, zu veröffentlichen und deren Autoren langfristig zu fördern. Mittlerweile gilt der 1997 gegründete und mehrfach prämierte Verlag als Spezialist für Neuautoren in Deutschland, Österreich und der Schweiz.

Für jedes neue Manuskript wird innerhalb weniger Wochen eine kostenfreie, unverbindliche Lektorats-Prüfung erstellt.

Weitere Informationen zum Verlag und seinen Büchern finden Sie im Internet unter:

w w w . n o v u m v e r l a g . c o m